30歳からの星占い

愛もキャリアも手に入れる！

村上さなえ

論創社

プロローグ

★大人の女性は比べない！　自分らしい「私」でいよう

やりがいのある仕事につく。

自分を理解してくれる恋人と出会う。そして20代後半で結婚。

しばらくは仕事を続けて、夫とは恋人同士のような関係を楽しむ。

30代前半までに子どもをひとり、可能であればふたり産む。

夫に家事を協力してもらいながら、仕事と子育てを両立させていく……。

多くの20代女性にとっての理想の青写真でしょう。これを読んで、そう、私はまさにそんな感じで生きてきたと胸を張れる人は、未婚・既婚問わず少ないはず。この人！　という人に巡り会えず、独身で頑張っている人。反対に、結婚、出産は体験したものの、生きがいになるような仕事に出会えず、取り残されたように感じている人……。

人生って、思い描いていた通りにはなかなか進まないもの。けれども、年齢を重ねるごとに見えてきたものも、確実にあるはずです。

例えば、こんなことです。

「ショートヘアよりセミロングが好き」

「パンツよりスカートの方が多い」

「口紅は、ピンク系よりベージュ系がしっくりくる」

「5センチヒールが心地よい」

もちろんメイクやファッションなど、外見に限ったことではありません。

「コーヒーよりハーブティー」

「朝食は、もっぱらご飯とおみそ汁」

「ジェットコースターのように、ハラハラさせられる恋愛は苦手」

「デスクワークより、たくさんの人と接する仕事にやりがいを感じる」

あれもこれも、いろんな経験をしてきたからこそわかる「自分らしさ」です。

★「私」というパッチワークを綴《つづ》る

自分にとっての「好き」や「心地よい」をパッチワークのようにつなぎ合わせると、そこには

「私」という一枚の布が浮かび上がります。

好きなものばかりではありません。二度と袖《そで》を通さない服や短い付き合いに終わった女友だち、寂しさを埋めるための恋、到底リスペクトできない上司への愛想笑い、ムッとしながら我慢した飲み会など、若いころに経験してきた「嫌い」や「苦手」もまた、すべて大切なパッチワークの切れ端です。

10代、20代前半は、自分が好きかどうかより、つい周りのムードに流されてしまいがちです。例えば、ファッションひとつをとっても、そのときどきの流行に左右されたり、そのとき仲のよい友人の影響を受けてしまったり。でも、うまくいったことも失敗も含めて、さまざまな経験をしてきたからこそ、自分にフィットするものがクリアになってきたのです。それは、「自分」を確立するために必要な経験だったともいえます。そうして、ひとつひとつの体験が積み重なって、私らしさ、自分らしさができあがってきたのです。

「気の強い人」「優しい人」「フットワークのよい人」「オウチ好きの人」

「現実派」「夢見がち」「目立ちたがり屋の人」「引っ込み思案の人」……。

世の中にはいろんな人がいます。どちらが正しいというものではありません。

平均とか常識など、世間のスケールにこだわりすぎると、比べてばかりの人生になってしまいます。誰かをうらやんだり、張り合ったりは、そろそろ、十分だと思いませんか。あなたはあなたがこれまでに培《つちか》ってきたものをベースにして、「自分らしさ」を発揮する時期にきているのです。

幸せになりたい！　という願いはみんな同じ。でも、みんなと同じ幸せ、である必要はありません。大事なことは、自分にとっての幸せです。その大きなヒントとなるのが、「人生の海図」と呼ばれるホロスコープです。そこには自分らしい幸せが記されています。

★ひとりに一枚の「人生の海図」、それがホロスコープです

書店には、女性の生き方に関する本が数多く並んでいます。もちろんそれらは、女性は女性らしくといった通り一遍の内容ではありません。

「ものを捨てて、自由になる」「いいものに触れて、上質を知る」「情報収集力で、差をつける」「人付き合いで、運気を上げる」「ドラマな人生を演出する」

人生の達人からの提案はさまざまです。

例えば、「ものを捨てて、自由になる」は、ある女性エッセイストの言葉です。プロフィールによれば、彼女は牡羊座生まれ。情熱的で勇気にあふれる牡羊座は、「未知へのチャレンジ」をテーマとする星座です。たくさんの荷物や人間関係のしがらみ、過去の実績や思い出を抱え込んでいては、新しい扉は開けられません。つまり、牡羊座生まれの著者にとって、身軽でいることはとても大事なのです。

でも、他の人にとってはどうなのでしょうか。ひとつのものに徹底的にこだわる、研究心旺盛で集中力バツグンの蠍座にとって、ものを捨てることは、これまでの自分を否定することになりかねません。また、ファミリーを大事にする心優しき蟹座にとっては、仲間と離れてひとりになることは、ちょっとつらいかも……。

自分にフィットする言葉に出会うのも、簡単ではありません。迷ったり、悩んだり、あるいは自分を奮い立たせたいとき、さまざまな局面において、自分にとって必要な人生のアドバイスに出会えたらと、思いませんか。

★ホロスコープに発見する「私」

なぜ私が、西洋占星術の魅力にはまったか。その答えは、とても簡単です。それは、私のホロスコープに、「私」が発見できたから。そして、コンサルテーションを通じて出会った多くの女性たちのホロスコープにも、誰のものでもない一人ひとりの人生を照らす言葉がたくさん詰まっていると実感してきたからです。

会社を辞めて外国暮らしを始める同僚や結婚を控えた友人、あるいはキャリアと子育てを両立させる友人らが美しく輝いて見える。そんなとき、よほど自分に自信のある人でない限り、「私はこのままでいいのかな」「私も何かをやらなくちゃ」と、焦ってしまうでしょう。でも、だからといって、やたらと結婚目当ての合コンのスケジュールを組んだり、会社を辞めてプチ留学を決行したところで、それがあなたにとって正しい選択であるかどうかはわかりません。大事なことは、誰かにとっての幸せを真似るのではなく、自分の幸せを見つけることだと意識してほしいのです。

★ホロスコープは大人の女性にこそふさわしい

コンサルテーションをしていると、20代と30代女性の違いを感じます。同じシングルでも、20代が「いつ頃、結婚できますか？」という質問をするとしたら、30代は「なぜ結婚できないのでしょうか」という聞き方をします。WHENではなくて、WHYです。つまり、後者は「来年、結婚できそうですよ」というういかにも占いめいた答えを欲しているわけではありません。なぜ結婚しないのか、あるいはできないのか、自分の性格のどこにその理由があるのか。ホロスコープを自己分析のツールとして活用しようとするのです。

ホロスコープとは、自分が誕生した瞬間の星の配置を記したもの。ひとりに一枚、必ず与えられる人生の海図です。あなたにはあなたの、そして私には私の、彼女には彼女の、ホロスコープがある。そこには、誰のお仕着せでもない、自分にとって「こんな風に生きると気持ちいいよ」というアドバイスがたくさん詰まっています。

いいことばかりが書いてあるわけではありません。海難事故にぶつかるおそれのある欠陥部分にだって、手厳しく触れています。自分の海図を有益に生かすためには、まず、長所も短所も含めた自分を受け入れることが最低条件です。ですから、西洋占星術は、人生のキャリアを積んできた大人にこそふさわしいと、自信をもっていえるのです。

★生まれおちた瞬間に、あなたの可能性が示されました

あなたは、何座ですか？　日頃私たちは、「私は牡牛座」「ボクは天秤座」という表現を使います。あまり星占いに詳しくない人でも、山羊座といわれれば冬、獅子座なら夏生まれと、アバウトな季節くらいはご存じでしょう。

この「○○座生まれ」とは、正確には「生まれたときに太陽が位置していた星座」を意味します（本書では「太陽星座」と表現します）。毎年ほぼ同じように運行する太陽を使った太陽星座占いは、年齢や世代を超えてアドバイスできるため、とても便利なのです。

そもそも西洋占星術は、太陽だけでなく月、水星、金星、火星、木星、土星、天王星、海王星、冥王星という合計10個の天体が、それぞれどの星座に配置されているかを読み解く、とても複雑なもの。単純に言ってしまえば、太陽星座占いでは、全体の10分の1程度の情報しか得られていないのです。ですがよほどのマニアでなければ、自分の誕生時に10個の天体がどの星座に入っていたかはご存じないでしょう。

あなたのホロスコープには、幸せへのアプローチ法や人生の可能性など、誰もが知っておきたい情報が、実は、盛りだくさんに詰まっているのです。

★ホロスコープに記された星々は、あなたのために集結したチームです

1本の映画には、監督をはじめ、プロデューサーやカメラマン、美術さんにメイクさん、衣装係など、数多くのスタッフが参加しています。あなたのホロスコープに映し出された10個の天体は、この映画の製作スタッフに似ています。「あなた」という作品をつくるために集結したスタッフたち。つまり、あなたのためのチームなのです。

チームメンバーである各天体には、それぞれの役割があります。おなじみの「太陽」は、全体をまとめ、作品の方向性決める監督といった役どころ。他のスタッフ（つまり天体たち）に向かって、「こんな感じで行くよ」と指示します。

他のメンバーをみてみましょう。俳優やスタッフの悩みを聞いたり、健康管理を気遣うなど、細やかな感情やプライベートにまで気を配るのが、「月」。観客を魅了する若くて美しい主演女優は「金星」。愛と芸術を司《つかさど》るヴィーナスです。過酷なアクションを担当するのが、燃える男「火星」。口うるさいプロデューサーが「土星」……。

このように、10個の天体は、それぞれの役割をこなしながら、1本の映画を作るように「あな

「あなた」という作品を
大ヒットロングランさせるために

いろいろな役割を担《にな》った10人のメンバー（10個の天体）は、配置された星座の特徴を反映しながら、あなたの人生を運営しているのです。個々の能力とチームワークによって、「あなた」という作品の質も向上します。大ヒットロングランとなるか、大コケするか。それは、あなたの星の使い方次第なのです。

太陽	人生の大きな方向性、生きがいを示す。他の天体を引っ張るチームリーダー的役割。
月	好き・嫌い、快・不快などの感情や、食・住関連など、主にプライベートを担当。
水星	軽快なフットワーク、旺盛な好奇心で、知性の方向性やコミュニケーションを担当。
金星	自分の中の若い女性。おしゃれ、恋愛、クリエイティヴなど、楽しいことを担当。
火星	自分の中の熱血漢。競争力、パワーとエネルギーといったアクティヴな行動に関係。
木星	発展的、ポジティブにものごとをどんどん広げていく。応援団長的役割。
土星	制限や安定、忍耐など、良くも悪くも人生のブレーキ担当。口うるさい教師的役割。
天王星	自立を促す。ユニークな発想とオリジナリティあふれるプランナー的役割。
海王星	豊かなイマジネーションで、神秘、アート、音楽など、無意識の世界を担当。
冥王星	人生において強制的、予測不可能の大変革を起こす。破壊と再生のカリスマ的存在。

た」という人生を運営しているのです。

★自分の中の、いろいろな「私」を受け入れましょう

「仕事は順調だけれど、パートナーがいない」

30代の独身女性がよく口にする言葉です。仕事は好き、でも、このまま一生、仕事だけっていうのも……。その不安は、年齢を重ねるほどに強くなります。仕事には強いけれど、恋愛には弱いという人は案外多いのですが、こうしたことも、西洋占星術で謎解きをすると、とても簡単です。

これまで、あなたの人生を運営するチームには、10人の異なるメンバーがいて、メンバーの個性はさまざまだとご説明しました。あなたの恋愛を担当する「金星」は、必ずしも仕事をするときと同じようなステップで、恋愛を進めようと思っていないのかもしれません。

あなたがキャリアに誇りを持つ人なら、あなたのチームメンバーは、仕事を推進するほうが得意なキャラクターぞろいだったということです。すでにやりがいのある仕事と出会えているなら、次は、あなたにあったやり方で愛をつかみましょう。反対に、愛する人と出会い、結婚、出産。今はプライベート中心の生活だけれど、ゆくゆくは生きがいとなる仕事を持ちたいという人。そういうあなたのチームは、恋愛担当者の「金星」や結婚生活担当の「月」のキャラクターによって、女性としての喜びをつかませるほうが得意だったのでしょう。それなら、まずは得意な恋愛・結婚生活

の充実から始めて、次に、仕事や生きがいを見つければいいのです。

素敵なボーイフレンドがいて、なおかつ周囲から一目置かれる仕事ぶりの同僚をうらやましく思う。あるいは、結婚して子どももいて、しかも趣味をぞんぶんに楽しんでいる専業主婦の姿に、ため息をつく。逆に、今は子育てに専念しているけれど、理解ある夫に助けられ、結婚生活も颯爽《さっそう》とこなすワーキング・マザーに焦燥感を抱く。

けれども、あなたが望むものを手にしている憧れの女性たちもまた、何もかもいっぺんに手に入れたのではなく、いろいろな自分を受け入れながら一歩一歩、自己実現してきたのです。あなたにはあなたのペースがあると知れば仕事も愛も、全部同じようにいっぺんに手に入れなくては、と焦る必要がなくなりますよね。

恋に早咲き、遅咲きがあるように、仕事にも早咲き、遅咲きがある。「あなた」の人生を運営している天体にも、さまざまな個性があります。ですから、人生全体を通じて、あなたを構成する10人のメンバーを適切な時期にぞんぶんに活躍させる、そんなコツを覚えていけばいいのです。

30代、愛も仕事も手に入れるには、しなやかな強さがなければやっていけません。出産に対してだって、ずっと前向きでいたい。

35歳までの10年間と35歳からの10年間。そこには、西洋占星術が教える星の転機があります。それを知ることで、あなたは幸せに向かって、一直線に進めるのです。

30歳からの星占い
愛もキャリアも手に入れる！

contents

プロローグ

太陽星座でみるライフ・テーマ

火星星座が教えるサクセス・ロード

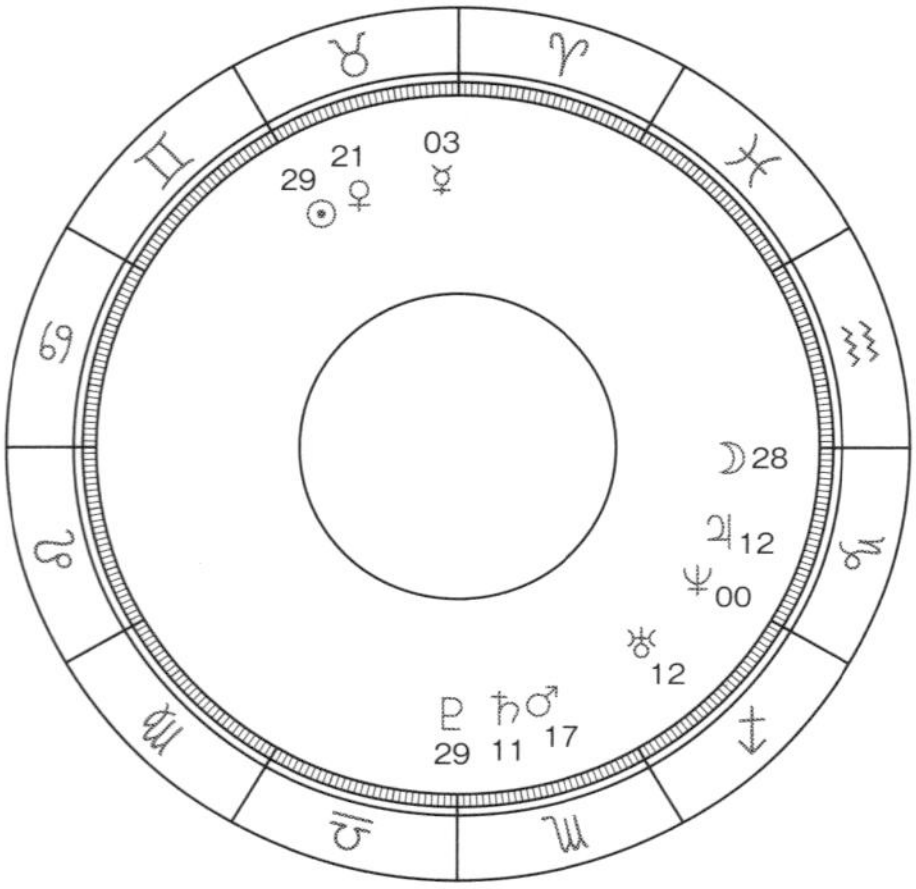

「1984年５月20日午前９時、東京生まれ」の星の配置を記したホロスコープ。このように、ひとりに１枚ずつ、人生の海図があるのです。

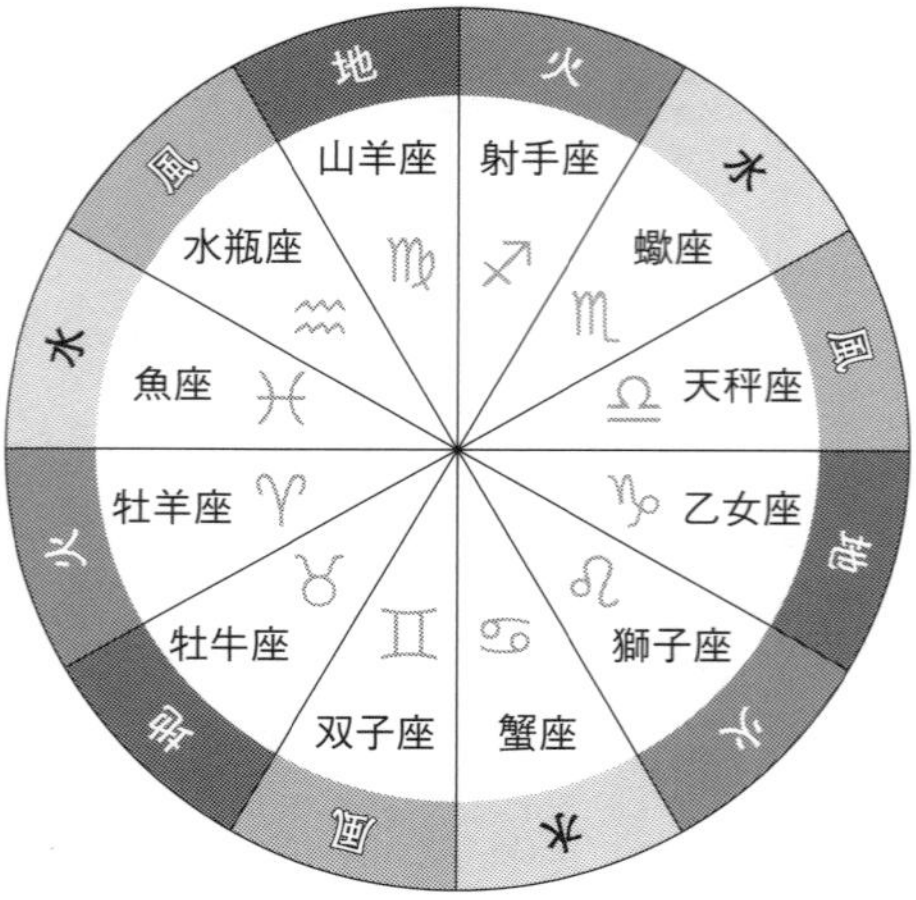

西洋占星術では、12星座を「火」「地」「風」「水」の４つのエレメントで区分しています。

私らしく輝くために
太陽のライフ・テーマをつかんでおく

太陽星座でみる
ライフ・テーマ

太陽は、星々のチームリーダーです

スイッチが入る。そんな感覚を持ったことがありませんか。「あっ、私がやりたかったこと、知りたかったことはこれなんだ」と、ワクワクするような気づきを得る。あるいは、本気で取り組む対象ができて「ああ、ついに出会っちゃった」と、揺るぎない喜びを感じる。もちろん対象は、人、もの、仕事、なんでもけっこうです。自分の中で、スイッチが入って、目の前がパッと明るくなるような感覚。平凡な毎日は、その瞬間から突如、輝きだします。

思いきって転職しようとしている人、離婚して、自立しようとしている人、趣味を仕事にしようとしている人、親や家族の呪縛から離れようとしている人……。人によって、直面している現実は違いますが、このスイッチＯＮの感覚こそ、幸福の扉を開ける前ぶれといえるでしょう。

★世界にひとつ、あなただけの太陽がある

ホロスコープ上に記された10個の天体は、あなたというチームを構成するメンバーであり、日頃「私は○○座生まれ」と表現される太陽星座も、「太陽」という1メンバーがどの星座に位置していたかを示すものにすぎません。ですが、この「太陽」は、ホロスコープ上の天体をまとめるチーム

リーダーであり、オーケストラのコンダクター、映画監督のようなもの。それだけに重要な役割を担《にな》っているのです。よく女性誌で、「牡羊座はせっかち、牡牛座は頑固……」と太陽星座の性格を説明していますが、本来、西洋占星術で扱われる太陽星座とは、「自分は何をすべきなのか」「何をするために生まれてきたのか」など、その人のライフ・テーマを示すものなのです。

人は、誰もが自分の太陽系を持っているとイメージしてみましょう。

ただし、ここでの「太陽」は、現実の太陽と違い、いつでも変わらず、輝いているわけではありません。スイッチ次第で、輝いたり、消えてしまったり……。もちろん、よそから「太陽」を借りることはできません。あなた自身の気づきなくして、スイッチは入らないのです。

あなたは「世界にひとつだけの太陽」を持っている。まず、その存在を意識してください。そして、その太陽が示すライフ・テーマこそ、あなたの幸せのスイッチ。おなじみの太陽星座は、あなたのスイッチによって、特別な意味を持ち始めるのです。

太陽星座は、人生を満たすものを教えてくれる

コンサルテーションで、たくさんの30代、40代の女性の話を聞くうちに、気づいたことがあります。それは、周囲にとってそれほど気にすることもないようなことでも、本人がどうしてもこだ

わってしまう場合、それには「太陽」が大きく関わっているようだということです。

例えば、母性が特徴の蟹座の人は家族や愛する人の存在がないことに空虚感を持ちますし、所有にこだわる牡牛座は自分が必要なものを手にしていないことや、その持ち物が安っぽいことが気になる。権力意識の強い山羊座は自分が社会で認められないと痛烈な体制批判をしたり……。

太陽星座が示すライフ・テーマが満たされていないと、妙にいじけたり、過剰に反応してしまう。なぜなら、そのこだわりは、本来自分に備わっていれば、自慢したくてしょうがないものということです。「満たされたい」の裏返しです。

★あなたにとって譲れないものとは？

仕事、恋愛、趣味に共通する一貫したあなたの価値観について、一度確認してください。例えば、「苦労はしたくない」が答えなら、さらに「なぜか？」と掘り下げてみましょう。その先にある「食べものに困りたくない」だったり、「子どもにみじめな思いをさせたくない」などの答えには、「食」「子ども」といったあなたのプライオリティが明確に表れるはずです。

「私は、どんな結婚生活を送りたいのか」
「私は、仕事によってどんな喜びを得たいのか」
「私は、どんな休日を過ごすと一番リフレッシュするか」

自分自身に対して、たくさんの「?」を投げかけてください。

自然が好き。美しいものが好き。家族と一緒に過ごすのが大好き。人とのコミュニケーションが好き。神秘的なものに惹かれる……。

そこが満たされると幸せを感じる。40代になっても、50代、60代になっても変わらない、あなたにとって譲れないもの。

仕事、恋愛、趣味、一人ひとりの幸せの形はさまざまです。幸せの根っこは、地中に隠れていて、なかなか見えません。どんな花を咲かせるかにばかり、気を取られず、幸せの根っこに目を向けてください。すなわちそれが、太陽星座のライフ・テーマなのです。

「35歳」を目安にライフ・テーマを獲得する

「あなた」というチームのリーダーを務める「太陽」は、生まれながらにして人生の目的を知り、他のメンバーを牽引《けんいん》してきたわけではありません。西洋占星術では、太陽星座が示すライフテーマを獲得しやすい年齢は、25歳から35歳と定義しています。

25歳より前、つまり「太陽」がリーダーとしての自覚を持つ以前は、愛と芸術の星・ヴィーナスこと「金星」が、幅をきかせます。好みのタイプの男性に「ドキッ!」としたり、ショーウィンドウを眺めて、「この服絶対欲しい！」と店内に足を運んでしまうのは、この金星による反応です。

金星のパワーを発揮しやすいのが、10代半ばから20代。私は、この金星世代を「ドリーム・ジェネレーション」と呼んでいます。恋の行方やファッションのことで頭がいっぱいだったあの頃、あなたは、恋やおしゃれだけでなく、趣味、旅、そして仕事、たくさんの体験を通して、人生の楽しみ方を覚えてきたのです。それが、今のあなたの魅力として大いに生きています。

★35歳までは、輝く人生のためのサンシャイン・ジェネレーション

「金星」は、楽しいことが大好きな星。「私は何のために生まれてきたか」などと難しいことを考えるのは不得意です。それを考える天体が「太陽」であり、25歳から始まる10年間を、私は「サンシャイン・ジェネレーション」と呼んでいます。つまり、前述の「スイッチ」を入れる適齢期です。ただし、これはあくまで目安。時期は、25歳から35歳とされていますが、ほとんどの人が、25歳ぴったりで、都合良く天体を切り替えるわけではありません。人によっては、10代で早々に自分の目標を摑み、スイッチを入れる人もいます。若くから活躍し続ける女優や歌手、あるいは10代で医者になると決めて、その道一筋の人などはそのパターン。

反対に、ドリーム・ジェネレーションにずーっとしがみついたまま、という人もいます。「楽しい！」が最優先。夜遊び、旅行にグルメ三昧のお気楽な日々……。楽しいか楽しくないかで結婚し

てしまえば、お金の苦労や思い通りにならない夫との関係に、「楽しくないからイヤ！」というストレスが募《つの》るでしょう。シングルなら、稼いだお金を使うことにばかり熱心になり、いつしか仕事の目標を見失ってしまうかもしれません。

現在、シングルで、「子どもを産むなら、早いほうがいいだろうな」と、漠然と思っている人も多いことでしょう。そして仕事と主婦業の両立に不安があって、「仕事にノってるから、今は、結婚に踏み切れない」という人もいるかもしれません。また、「この人！」というパートナーが見つからずに、何気なく30代半ばを迎えた人もいるでしょう。そして中には、仕事に一生の情熱を傾けるほどのやりがいを感じないから、何としても結婚と焦ってる人も。

夢見る20代、「楽しい！」という同じ光に向かって歩いていた女性たちも、年齢を重ねるごとに、仕事、結婚、出産など各々の選択によって、一括《ひとくく》りにはできなくなります。どういう道を選択するにせよ、35歳までのサンシャイン・ジェネレーションの間に、太陽星座が示すライフ・テーマを獲得して、自分らしさを知っておく。「自分探しの旅は、この辺りで終了するのがおすすめですよ」という「太陽」からのアドバイスなのです。

太陽星座が示すライフ・テーマは、シンプルだけれど、きっとあなたの心に響くはず。自分を見失いそうになったら、いつでも戻ってください。そんな一生もののテーマを12星座別にご紹介していきましょう。

牡羊座

チャレンジする女になる

3/21〜4/19

★刺激のないマンネリな毎日にさようなら

もしあなたが、最近、今ひとつパッとしないと感じているとしたら、あるいは年齢を重ねるにつれて、「近頃、私、全然〝らしく〟ない！」とイライラ感を募らせているとしたら、原因はズバリ、単調な仕事や変わらぬ顔ぶれ、家事や育児に追われての、変化に乏しい毎日にあるのではないでしょうか。

新たな出会いや出来事を阻むブレーキとなっている、その要因は何ですか。

今この世に誕生したばかりの状態を思い浮かべてください。誰もが、オギャーと産声をあげたときに、「私は、歌手になる！」「お嫁さんになりたい！」と決めて生まれてくるわけではありません。これから、どんな一生が待っているか、自分にはどんな才能が備わっているのかは、まだ誰にもわからないはずです。

「わからない」ということは、いい替えれば、あらゆる可能性を秘めているということでもあります。小さな赤ん坊の将来を「たぶん無理」とか「ありえない」なんてジャッジできないように、30代、40代になっても、ワクワクするような未来はいくらでもありえるのです。

牡羊座のライフ・テーマは、「チャレンジする女」。見るもの、聞くものがすべて新しい。そんな新生児のような「初めて」尽くしのピュアな状態で、もう一度世の中を見渡してみませんか。

「今から私がイラストレーターを目指したら、周りに笑われるかな」

「生まれ育った街から飛び出すなんて、この年じゃ、もう無理よね」

「30代で資格をとっても、この先、希望する仕事につけるかどうかわからない」

年相応のことをしようとか、自分の能力の限界について自ら悟る必要はありません。目に映ったものに手を伸ばさずにはいられない赤ちゃんのような気持ちで、欲望のおもむくままに行動しましょう。ピュアなハートが、あなたの持ち味です。そして、たくさんのNEWに触れて、新たな体験を積み重ねながら、人生の意味を探求していきましょう。

30代になった今だからではありません。50代、60代になっても、たくさんのNEWによって、あなたは輝き続けるのです。

★新たな体験をリストアップしてみる

目の前には、たくさんの扉が並んでいるとイメージしてください。扉の向こうは未知の世界です。何があり、誰がいるかはまったくわからない。でもそのとき、扉を開けたいという衝動に突き動かされたら、迷うことなくどれかひとつの扉に手をかけちゃいましょう。恐れることなどないのです。

「やめなよ」「こっちの方がいいよ」といった、周囲の言葉に振り回されることもありません。

そして、そこにあなたの期待するようなものがなかったら、また次なる扉を開けてみる……。

扉の向こうに転職や独立、結婚、出産といった大イベントが待ち受けてなくてもかまわないのです。例えばまったく違う職種の人と友だちになってみる、やったことのない習い事に挑戦してみる。あるいは、ヘアカラーを思いきった色に変えてみる、髪型をベリーショートにしてみる。スクラッチの宝くじ購入も、牡羊座には気軽にできるチャレンジのひとつ。また、体験したことのないスポーツに取り組む、とりわけボクササイズなど、格闘技系エクササイズはおすすめです。

ただ、未知のものに対面したその瞬間に湧き起こるワクワク感だけは、しっかり身体に覚えさせてください。肝心なのは、新たなチャレンジをしていく自分をきちんと意識する、そういう確認作業をすることなのです。手帳には、新たに取り組んだこと、体験したことをリストアップしてください。体験リストの確認は、一カ月単位では長すぎます。毎週、いいえ毎日でもいいでしょう。とにかく習慣にすることが大切なのです。

「○○さんという人に会った」

「エステのお試しコースに行ってみた」

「カルチャースクールの資料請求をした」といった具合に、どんな些細《ささい》なことでもいいのです。手帳が真っ白ということは、日常に埋没して、何も新しいことをしていない証拠。それは、あなたにとって、最も注意すべき状態なのです。

今までの自分を振り返ってみるとわかるでしょう。友人とのケンカ、仕事での大失敗、引っ込みがつかなくて始めてしまった暴走行為や致命的なアクシデントは、大抵マンネリからの反動で起こってきたはずです。

何かをしなくては気がすまないなら、「トラブルやアクシデントを招くより、楽しく心躍ることをしましょうよ」と、実にシンプルです。

★あなたにある天性の直観力を信じて

「赤ちゃんのように無垢な好奇心を発揮する!」といっても、広い世の中、長い人生、目の前には次々と新しい扉が現れます。むやみやたらと開閉を繰り返していては、この先、身体がもちません。

効率よく扉を開けていくためには、自分の直観を信じること。根拠のない自信、大いに結構。コレ! と思った自分のひらめきを信じて進むべし。周囲の人にはどんなに大胆な選択に見えても、あなたには危険な扉を回避する天性の能力が備わっているのです。ピン!ときたものへの反応の良さは12星座の中でもダントツ。自信を持ちましょう。

でも残念なことに、この直観力をくすませてしまうのが、実は「年齢」です。年齢を重ねるごとに、牡羊座ならではの、果敢な行動力にもブレーキがかかりやすくなります。理屈や常識、一般論で自分を縛《しば》らず、あなたには、インスピレーションという大いなる武器があることを信じて、アクションを起こしてください。

また、扉の向こうには、まったく新しい世界が待っているかもしれません。鮮やかな「転身」もあなたにとっては重要なキーワードです。35年返済の住宅ローンや、長期にわたる資産運用など、いざというときの足かせになりそうなプランには、手を出さないように。マラソンより短距離走があなたらしいのです。

★人一倍の闘争心が成長のバネに

ところで、今新たにチャレンジしたいことがあって、大きな目標を掲げているなら、ぜひ周囲を見渡してください。手強いライバルはいるでしょうか。

「一番になりたい！」という熱い思いは、牡羊座特有の闘争心にいっそう火をつけます。ですから、周囲にライバルの存在があればあるほど、やる気アップにつながります。他の人ならひるんでしまうような、自分よりレベルの高い環境に飛び込む無謀さも、牡羊座のあなたなら、いい効果が期待できそうです。

ただし、あなたは、勝ち負けにはこだわりますが、ライバル個人に特別な興味があるわけではありません。相手かまわず、つい挑発し、競い合い、対人関係のトラブルに発展させないよう注意してください。良きライバルとはいえない相手なら、「あの人は私の敵じゃない」とやり過ごしましょう。

マンネリ打破のためには、人の意見に左右されない強い意志と勇気が必要です。「勝った、負けた」の一喜一憂が、情熱の炎に火をつけますので、波風を立てず、穏やかに生きていくのは難しいかもしれません。

また、攻撃するのは得意なくせに、攻撃されるのはとても苦手という一面も……。ですから、無理をして周囲に合わせるより、いっそのことリーダーシップを発揮した方が、軋轢は少ないでしょう。「まったく、あなたにはかなわないなあ」「でも、頼りになる」と一目置かれるようになったら、しめたものです。

恋人や友人と無駄なケンカ別れをしないためにも、イライラしてきたら短時間でもスポーツで汗を流して、余分なエネルギーを燃やしてしまいましょう。身体を動かすことはあなたにとって、とても大切。フィットネスクラブやスポーツジムへの出費は惜しまずに。

★「新しい扉」を開けるときのワクワク感をつかむ

生涯を通して、あなたの目の前には、常にいくつもの扉が用意されています。もし、扉が見つからないなら、見えないふりをしているのは、他ならぬあなた自身だということをどうかお忘れなく。

多少の勇み足やオーバーランを恐れることはありません。ジャンルや常識、ときには周囲の反対もかえりみずチャレンジし続けてください。いつか、扉の向こうに「コレだ！」と思える出会いが見つかるはずです。

♉ 牡牛座
五感の女になる

4／20〜5／20

★見る・聞く・触れる……、それが基本

「恋人との初デートで食べたデザートの味」
「南の島のホテルで、眠りに落ちる瞬間に、素肌に触れたシーツの感触」
「学生時代に観たミュージカルで、クライマックスに響いたシンバルの音」

あなたは、時間を超えて引き出せる、そんな五感の思い出がありますか。

といってもこの質問は、若いころを思い出して、ノスタルジックな気分に浸ることをおすすめしたくてしているわけではありません。実際に自分が体験した心地良さをどれほど身体に記憶しているか、改めて思い出していただきたかったのです。そんな敏感な感覚機能を持っているのが、牡牛座。「五感の女」なのです。

スカートの裏地の肌触りが気になったり、新しく買ったデジタルオーディオプレーヤーの低音がモコモコして気持ち悪かったり……。そんな小さな反応もまた、「五感の女」ゆえといえるでしょう。

もう少し例を挙げてみましょう。

友人から、「あの映画、評判倒れで全然面白くなかったから、見る価値ないよ」「今度の○○の新譜、最悪だよ」、そういわれて、あなたは「じゃあ、見るのをやめよう」「買わなくて良かった」と単純に思うでしょうか。いいえ、きっとあなたは、自分自身の目や耳で、直接確かめたいと思うはず。

理屈でもなく、感情でもなく、自分の感覚機能が発するYESやNOを大切にしたい。自分の五感を信じることは、とてもプリミティヴな判断基準です。また、こだわればこだわるほど、当然、人より体験が増すわけですから、センスも磨かれていきます。それを顕著に示すのが、味覚です。

「この前食べたときより、塩辛い」
「こっちの方がフレッシュでジューシー」
「こんな喉《のど》ごし初めて！」

味覚は、おいしいものを食べてきたという経験が積み重なって、磨かれていきます。食べて気持ちの良いもの、つまり味にこだわればこだわるほど、舌は肥えてきます。結果として、美味しいレストランをたくさん知ることになりますし、料理の腕だって上がります。美食家とは、生まれつき味覚が敏感な人ばかりではなく、味覚を磨ききった人といえるでしょう。

「そんなことはない、生まれつきの味音痴はいる！」と反論される方、「私は牡牛座だけれど、味音痴！」と声を上げる方、あなたは自慢できるほどの食べ歩きをしてきた自信がありますか。きっと、それほど積極的にチャンスをつくってこなかったのではありませんか。

それでは、味覚以外の感覚機能はいかがですか。香りは？　音楽は？　アートへの関心は？　あるいは手触り、肌触りへのこだわりなど、味覚でなくとも、あなたが特別な思い入れをもつものは、他にきっとあるはずです。

★五感の洗練が、美意識を高める

でも、その何かを見つけたいからといって、友人に誘われたカルチャースクールにとりあえず通ってみたり、流行《はや》っている習い事をとにかく始めてみたりするのは、おすすめしません。じっくり型のあなたには、イヤだったらやめればいい、試しにやってみる、という場当たり的な時間の使い方は向いていないのです。どうか情報であふれる世の中に、振り回されないで。まずは、本来のあなたが好きだったことをシンプルに思い出してください。

ヒントは、きっと「自分史」にあります。小さいころ得意だったこと、ずーっと好きだったのに、すっかり忘れていたことに、もう一度向かい合ってみませんか。自室のデスクやチェストを見渡してください。あるいは、押し入れをひっくり返せば、きっと何かを再発見できるはず。人生のキャリアを積んできたあなたには、新たな開拓よりも、見直し作業のほうが効率がよいでしょう。

★ものへの愛着は、自分を愛《め》でること

もし、数年前に買って着られなくなった服が、クローゼットの肥やしになっているとしたら、くるくると目まぐるしく変わる流行に振り回された証拠です。極上のシルクやカシミアの手触り、あるいは手編みのレースの繊細さ、来シーズンも、そして10年先も楽しめるようなクオリティーを優先する。それこそ、あなたの五感が喜ぶファッションなのですから。

あなたは、そんなふうに他人の目を意識したおしゃれではなく、自分の心地良さにこだわるため、ときにナルシスト的な傾向も見られるでしょう。でも、服をはじめとして、あなたが選び愛着を持っているものは、それを選んだ自分自身を愛でる行為に近いものです。自分の好きなものに囲まれた居心地のよい生活こそ、あなたの理想なのです。

長い時間をかけて、五感で体験してきたものを積み上げていくことで、あなたの美意識はいっそう高まります。そういう自分が「美しい」と判断したものを手放すことは、あなたにとって、きっと難しいはず。そして、さらに心地よいものを求めるためには、収入能力を上げる必要もあります。経済的に苦しいがために「気持ちいい」を実現できない状態は、あなたにとって苦痛以外の何物でもないでしょう。

あなたが培ってきた、自分の感覚に自信を持ってください。頭でっかちではなく、五感を通じて身体が覚えたプリミティヴな感動こそ、あなたの人生を喜びに満たす大切な要素なのだと覚えておいてください。

★時間をかけて、身体を喜ばせる

仕事や結婚、人生全般にわたって優先順位をつけるとしたら、あなたにとって、まわりの評価や成功の度合いは重要でないでしょう。

極端に言えば、「視覚・聴覚・嗅覚・味覚・触覚」のいずれかを使わずして、あなたの人生の充実はないのです。表面的な情報収集に奔走したり、流行に惑わされるのではなく、自分が気持ちいいと感じたものを、時間をかけてじっくり味わい尽くしましょう。

日常に流されて、心地良さを実感してないと感じたときには、改めて、「見る」喜び、「聞く」喜び、「味

わう」「触れる」「嗅ぐ」喜びを感じられる仕事や趣味について考えてみてください。

音楽やアロマ、陶芸など、自分にとって特別の喜びになるものを見つけてください。忙しくて時間がとれない人は、最低でも、毎日の食事には心配りを。ジャンクはNGです。

五感を満足させること。どれかひとつでいい。感覚機能を目覚めさせることは、自分の可能性を開く、とてもシンプルなきっかけになるでしょう。

★表現し、感覚をシェアする

あなたのこだわりはえてして、「頑固」「融通が利かない」ように見えるため、周囲から敬遠されがちです。かといって、目新しいことをしようとか、流行っているから、周りがそうだからなどと、流されてしまっては、見えなくなるものが多々あります。どんなに他人から「マイペースだ」「つきあいが悪い」と思われても、あなたはそれでいいのです。

なかには、「もう十分やり尽くした」と自負している「五感の女」もいるでしょう。料理教室やピアノ、ウクレレのお稽古、あるいはボイス・トレーニングなど、ある程度は極めたという人。そんなあなたの次のステップが、表現する場を持つことです。これまでは研磨の時だったと考えて、今度は表現することを目標にしてください。

例えば、これまでアロマテラピーの勉強をしてきたとします。その気持ち良さを人に惜しみなく披露する。あなたが培ってきた感覚を人とシェアするのです。そうしているうちに、プロの道に進むチャンスが舞い込んでくるかもしれませんし、そんな大上段に構えなくても、自宅に友人を招く、あるいはバースデー・プレゼントとしてアロマ・マッサージをする、そんなことも表現のひとつとしては十分なのです。

歌や楽器が好きなら、バンドを組む。絵画が趣味なら、個展やグループ展を企画するなど、手段はいろいろ考えられます。

表現しながら、相手の意見や感想を聞き、人の感覚にも興味を持つことで、あなたに一番欠けていた柔軟性が備わります。そして、そのとき、あなたの五感はさらに磨かれていくことでしょう。

Ⅱ

双子座

時代と併走する女になる

5/21～6/21

★世界が広がれば、選択肢は増える

就学前のあなたは、きっと公園や家で、近所のお友だちと無邪気に遊んでいたことでしょう。ただし仲良しのお友だちは、家が近いとか、母親同士の気が合う、という条件付きでした。習い事にしても、親が決めた英会話スクールだったり、あるいは兄や姉のオマケでスイミングやピアノのレッスンに通うというケースが多かったはず。つまり、幼いあなたが何を望もうが、親がダメ！　と言ったらダメという世界。何事においても、あなたは親の支配下にあったわけです。

そんなちびっ子が小学校に上がると、目の前の世界は一挙に広がります。学習科目もグンと増え、「算数って面白い！」とか、社会の授業で「日本って広いんだ」などと、今まで知らなかった分野に触れ、新たな興味を持つようになります。友人も、「近所だから遊ぶ」ではなく、「気が合うから遊ぶ」というように、自分自身で選ぶようになったでしょう。

用意されたり、親から与えられるだけではなく、「自分で選ぶ」という行為が、新たに加わりました。自分にフィットするものを選択するには、比べる材料があるということが大前提。「世界の広さを知ったからこそ、選択肢も増えた」のです。

さて、今のあなたは、どうですか。目の前に、子どものころのような広い世界は広がっていますか。

★「何それ？」で、情報をキャッチ

今、何が流行《はや》っているか、イケている歌手や俳優、話題のドラマや歌、注目のファッション・ブランドについて、語ることができますか。

20代からずっと同じミュージシャンを追いかけ、共

に年をとり、これまた何年間も顔ぶれの変わらない女友だちと、相も変わらず同じ話題で盛り上がる、特に上達もしない習い事を意味なく続けるといった、ニュースに乏しい世界の中で生きてはいませんよね。双子座のあなたのライフ・テーマは、どんどん生まれる新しい情報を敏感にキャッチし、自分に必要なものを選んでいく、「時代と併走する女」であること。

「何、それ？」

それがあなたにとって幸運のキーワードです。あなたには生まれつき、時代を敏感にキャッチするアンテナが付いています。あちらこちらへと気軽に出かけ、自慢のアンテナで耳より情報をキャッチしましょう。

★コミュニケーションが運を開く

情報をキャッチしに出かけるといっても、30代、40代ともなれば、若いころのように、徹夜なんてへっちゃら！　というわけにはいきません。ハズレの合コンや飲み会、盛り下がったイベントが多ければ、「何やってんの、私。いい歳をして」と落ち込むこともあるでしょう。

だからといって、外出をセーブしないで。メンバーが冴《さ》えなければ、もっと面白い顔ぶれとコンタクトをとる、イベントが盛り上がらないなら、もっと刺激になるイベントを探す。そんなときこそ、今まで作ってきたネットワークを生かすのです。

東に友だちを紹介してくれる人がいれば出かけていき、西にオープンしたカフェがあると聞けば、早速足を運ぶ。フットワークの良さが持ち味なので、ついつい、習い事やカルチャースクール、飲み会に映画と、いくつもの約束を詰め込んでしまうでしょう。当然、毎日、忙しくはなりますが、でも、それでいいのです。面白い体験をしたら、その日のうちに友だちに早速報告したり、ＳＮＳで紹介したり、そこでのやりとりから、また新しい情報をキャッチする。

30代、40代になっても、「時代と併走する女」で居続けるには、コツがあります。もっとも簡単なコツは、職種や環境、年の違う友だちをつくること。結婚しているか否か、子育て中か否かで、自分と同じ条件で友人を選ぶなんて、ナンセンス。おしゃべりは、情報入手の基本ですが、同じカフェやファミレスでグチを言い合うだけの仲なら、もっと新しい友人をつくりましょう。

もちろん、友人をつくるのに、年齢は関係ありません。とりわけ、流行に強い年下の友人とは、まめにコミュニケーションをとってください。

★行動を制約せずに、マルチでいこう

守備範囲が広いと、何事も浅く広くなりがちです。なかには、「30歳を過ぎても、物事が長続きしない」「自慢できるような趣味、特技がない」と、嘆く人もいるでしょう。そういうときは、発想の転換を。ひとつのことだけを続けていると飽きてしまうなら、いっそふたつのことをいっぺんにやってみませんか。

語学を例にあげてみます。長年英語を習っているけれど、最近、どうも頭打ち。ある程度の段階で上達がストップしてしまった。気分転換を兼ねて中国語講座に出てみたら、英語の文法と共通点があったため、サクサク覚えられた。中国語を英語に訳しながら覚えたため、気がついたら英語力もアップした。めでたし、めでたし。

語学を仕事に置き換えてみましょう。昼間は会社員として働いている。知人の誘いもあって、ネットショップ運営に参加してみたら、あれよあれよという間に、それが大当たり！　双子座にとっては大いにありえる話ですが、世の中に複数のことを同時にはこなせないという人は、案外多いのです。

「私にはこれしかない！」

「流行ばっかり追いかけている年齢じゃない」

そんなふうに、自分を追い込まないこと。

ひとつのところにずーっと止まっていては、時代の最先端をキャッチできませんし、すぐに自分自身の鮮度が落ちてしまいます。複数のことを同時にこなす器用さこそ、「時代のトップランナー」に必要な能力なのです。「飽きっぽい自分」を逆手にとって、あれこれと手広く挑戦していきましょう。

最近煮詰まってるなと思ったら、ぶらり小旅行が、リセットへの早道です。

★情報を伝える側に回ることも大事

情報を手に入れたら次の課題は、そこで満足せずに、

厳選した情報を他の人に伝えることです。ただ楽しかった、面白かっただけで済ませず、あなたには、メッセンジャーとしての使命があることを意識してください。そして、そのための手段を磨くことも頭の隅に入れておいて。文章を書く、あるいは話す。自信があるのはどちらでしょうか。どちらの才能に秀でているか、改めて自分にあった表現方法について見直してみましょう。

例えば、書くのが得意という人。ブログに、最近見た映画を紹介するとします。なぜ面白いのか、今まで自分が見たどの作品と似ているのか、人に伝えるということは、豊富な比喩や分析など、ものごとを掘り下げる作業抜きにはなしえません。書いたり話したりしていると、自分のもたらす情報の意味について、熟考する機会が増えると思います。それが大事。上映場所や上映時間などの情報は、ネットを開けばいくらでも探せます。自分ならではの視点で綴られた本編の感想や、帰りに入ったお店のメニュー報告など、それらは、最終的にあなたという個性を伝えるひとつの道具だということに気づくことでしょう。情報のひとつひとつが、あなたの大事な引き出しなのです。

★点と点がつながって、あなたができる

変化し続ける自分のことを、「〝私〟がない」、と感じて落ち込む場合もあるかもしれません。「私はいったい何者なのだろう」。でも、ここから脱却するポイントも、やはり「変化」なのです。

あなたにとって、変化は、歓迎すべきこと。3年前の自分、10年前の自分、あるいは学生時代の自分と、そのときどきの印象が変わることを恐れることはないのです。好奇心のおもむくまま、足を動かしましょう。それはイコール、たくさんの人やものと知り合うことにつながり、また新たなあなたの誕生につながります。結論は、遠い先に、「たくさんの経験があったから、こんな自分に出会えた」という深い満足をもって、未来の自分自身が答えてくれるでしょう。

点と点がつながって一本の線になるように、いつか、人生において出会った人やものが大きな一本道としてつながれば、超ハッピー間違いなし。それまでは、若いハートのままで「変化」し続けましょう。

♋

蟹座

絆をつくる女になる

6/22〜7/22

★たくさんの愛によって生かされている

小さいころ何になりたかったですか？　学校の先生、病院のお医者さんや看護師、街のお花屋さんのお姉さん……。子どものあなたは、尊敬のまなざしで彼女らを見つめ、憧れを抱いたことでしょう。

社会に出てからは、憧れの先輩や上司から、仕事への取り組み方や大人としてのふるまいを、ときにはグラスを傾けながら、生きる姿勢など人生の根幹に触れるようなことを教わってきました。一般的に、生き方のお手本とするロールモデルを誰にするかは、誰もがおなじみのスターや文化人など遠くの存在と、自分が接してきた身近な人のいずれかのパターンに分かれるでしょう。蟹座は、圧倒的に後者。実際に触れ合った人から影響を受ける、「絆をつくる女」。そのため、身近な人をお手本にする場合が多いのです。

今のあなたをつくったのは、決して自分ひとりの力ではありません。家族からは無償の愛と保護を受け、そして、学校では憧れの先生や先輩の指導を受け、そして、社会に出てからも上司や同僚など、たくさんの人にサポートされてきました。数えきれないほどの「初めての経験」が積み重なって、自分という人間がここにいる。その都度、多くの愛情によって導かれてきたのです。

この世に誕生して家族に迎え入れられ、まずはじめに学ぶのが感情です。みんなでご飯を食べると楽しい、ひとりでお留守番していると寂しい、怒られると悲しい、兄弟にむかつく。快・不快、喜怒哀楽の基本は、家族とともに養われていきます。身近なファミリーに理解されたいという思いによって、感情の表現法が身につくのです。とりわけ、母親からはしつけを通して、たくさんのことを教わってきました。他者とコミュニケートする際の基本は、母親とのスキンシップを原点にして育まれたのです。

それらを自分の根っことして、他者との絆を結んでいく、それが蟹座のライフ・テーマです。

★よいお手本に恵まれる喜び

あなたには今、大事にしている「ファミリー」がいるでしょうか。

ここでいう「ファミリー」は、血縁の有無を問いません。母と子の絆のように、深い愛情でつながっているファミリーです。その人の一大事には、何をおいても駆けつける、そんな大切な存在。あるいは反対に、あなたのために駆けつけてくれる人。人数は問いません。そしてその人とは、お互いが向上できるような関係を築いているでしょうか。

人間は、身近な存在に影響されやすいものです。身近な人の生き方を真似るうちに、仕事なり、おしゃれなりが、一定の水準に達し、そこから初めて自分のスタイルが確立されるのです。

あなたのそばに、憧れの女性がいたとします。彼女と過ごす時間が長ければ長いほど、あるいは観察する機会が多ければ多いほど、当然、彼女の話し方、立ち居振る舞い、あるいはスカーフの結び方、アクセサリーの合わせ方などを日々目の当たりにするでしょう。結果、あなたは知らず知らずのうちに彼女のいいところを取り入れていくはず。するとそのうち、「でも、私は彼女より背が低いから、もう少しスカートの丈を短くしようかな」といった具合に、オリジナリティができてきます。あなたにとって、お手本を真似てその上で工夫することが、「個性」を磨く早道なのです。

★真のファミリーを探す

それだけに、どんな人々に囲まれているかは、とても重要。感心しない相手とばかり付き合っていれば、その人の言動に感化されるのは当然です。いい意味でも悪い意味でも、影響を受けやすいのです。

お稽古ごとに置き換えてみるとよくわかります。いい師匠に巡り会えなければ、あるいは間違ったやり方を教わってきたら、望むべき上達はありません。どんな人と知り合い、どんな人を自分のテリトリーに入れるかが、とても重要なのです。

　仕事をしているなら、職場はどんな顔ぶれなのか。子育て中なら、近所に住んでいる人たち、お母さん友だちなど、あなたと時間を共有する人たちの顔ぶれを思い浮かべてみてください。

　一緒にいる時間が長くなると、つい情が移ります。あなたをいいように利用する人、あなたの人生を振り回す人など、世の中には、あなたを育ててくれる人ばかりいるとは限りません。ですが、そばにいるうちに、だんだんとファミリー化してしまうのです。その人との関係が息苦しくなっていたとしても、親しく付き合ってきた人と縁を切るなんて、あなたにはかなり勇気がいることでしょう。あなたの行動のベースとなっているのは、理屈ではなく感情です。一度ファミリーとして受け入れてしまった相手を排除することはなかなか難しい。だからこそ、どんな顔ぶれとどんな時間を過ごすかが、とても重要になってくるのです。

　それでも、もし今、あなたが目の前の人間関係に満足していないなら、自分にとっての真のファミリーを探しに行くといった、新たな出会いに向けての努力も必要です。そのためにも、「この人、好き」と思う出会いがあったときは「人見知り」を返上し、好意を伝えてほしいのです。

★ルーツを受け入れること

　人と人の絆、「誰かとつながっている」という感覚は、安心感を生みます。誰も知らない世界にひとりで飛び込むより、なじんでいる場所で親しい人とともに行動する方が、安心して力を発揮するという蟹座は多いでしょう。なじむ場所とは、自分がかつて経験した場所がベースになっています。つまり、自分のルーツを愛するということ。これまで母親に反発してきたという人も、何かの拍子に、母親に似てきた自分に、気づいたりしませんか。年齢を重ねるごとに、その機会は増えるでしょうし、妻になり、母になれば、なおさらはっきりと自覚できるはず。あなたは、結局、自分のルーツを断ち切ることはできないのです。

　反対に、現在独身で、実家に暮らしていて、母親とは大の仲良しという人は、一度、ひとり暮らしをしてみてください。満足のいく毎日を送っていないという人には、なおさらおすすめします。母子という揺らぎない関係に密着しすぎて、新しいファミリーをつくる理由がないため、次のステップに進めないでいるのです。離れてみると、家族の大切さがわかるだけでなく、あなたにとっての「ファミリー」像が、クリアに見えてきます。そこから、改めて家族と付き合い直すことで、家族を甘えさせられる立場になることを意識してみてください。

★「甘える人」から「甘えられる人」へ。あなたが育てる側に回る

「甘える」「甘えない」の違いは、その人が依存しやすいタイプなのか自立タイプかということで、意味するところははっきり違います。ですが、自分が「甘える」のと、人から「甘えられる」のは、表裏一体。甘える側と甘えられる側、どっちの役割を担うかの違いはあるにせよ、実は母と子の関係をベースにした、同じ感情センサーを使っているのです。

10代、20代のころとは違い、甘える自分を受け入れてくれていた環境は、今少しずつ変化しています。人に甘えてばかりだった人は、いざ甘やかしてもらえない年齢になったとき、孤立しかねません。そろそろ、「ファミリー」をつくる側に回ることを意識してみてください。「ひとり」はあなたにとって、一番寂しい環境ですから。

例えば、仕事場で、お気に入りの先輩とばかり行動してきた人は、今度は、あなたが後輩の面倒をみる側に。あるいは、甘えっぱなしの恋愛関係にある人なら、少なくとも「甘え甘えられ」の持ちつ持たれつの関係を築いてみる。「子ども」という絆《きずな》づくりについても。ディンクスなら「出産」について。「私は、一生仕事一筋！」と決めつけて、30代をひとりで過ごしてしまうのは、成長のチャンスを手放すのと同じです。

甘え上手だったからこそ、相手の寂しい気持ちや不安などが、誰よりもわかる。それが「絆をつくる女」である、あなたの強みなのです。

親しい人、ファミリーのために、あなたのモチベーションはいっそう向上することでしょう。孤立やアウトローな人生を選ぶより、お互いを高めあうファミリーを大切にしてください。

獅子座
ドラマな女になる

7／23〜8／23

★人生は一回限りのドラマ

クラブで踊っていると、気がつくとなぜか、一番目立つポジションに移動していることがあった。

カラオケで歌うなら、絶対にフリつき。

クローゼットには、赤やオレンジ、ラメなど派手な色の服が多い。

フィットネスクラブのメニューの中では、エアロビクスやヒップホップダンスが好き。

身に覚えはありませんか。そんなあなたは、やっぱり獅子座、「ドラマな女」なのです。

自分の感情や思いを伝えるために、ステージに上がる女優やミュージシャン。それが内なるあなたのイメージです。ライトの届かないような舞台の隅っこで、地味にパフォーマンスをしていても、オーディエンスには届きません。ステージを注視するオーディエンスに向かって、「私はこう感じているの！」と、情熱の限りに自分をアピールする。アクションもルックスも派手であればあるほど、観客の注意をひくことでしょう。あなたはそれを無意識のうちに知っているのです。

「今まで、そんな自分を意識したことがない」という人でも、ふと気がつくと、人の輪の中央で光り輝いている人を見てうらやましく、ときには憎らしく思ったという経験があるのではないでしょうか。

「普通、誰だってそうでしょ」そうあなたは言うかもしれませんが、世の中には、周囲から注目されたりするのが心底苦手だという人もいるのです。

さあ、人をうらやむ人生はそろそろ終わりにしませんか。今度はあなたが注目される側に立つ番です。

人生はきらめくステージ、そんな意識をしっかりもってください。もちろん、ステージ上の主役はあなたです。

現実には、あなたとは別の人が「職場の花」や「地域のマドンナ」として存在するかもしれませんが、人生という舞台において、あなた以外の登場人物は、助演、あるいは友人A、Bに過ぎません。肝心なのは、そこに誰がいるかではなく、あなたがどんなドラマをつくるかということでしょう。

★発散するコツは「楽しい！」にある

ドラマをつくるファーストステップは、あなたが単純に「楽しい！」と思うことから始めてみること。

脇役に甘んじていた自分を変えるきっかけとしては、フラメンコやベリーダンスなど、衣装やアクションが派手な習い事がおすすめ。ボイス・トレーニングなども自分を表に出すいい練習になりそう。なかなか習い事の時間がとれないという人は、アミューズメント・パークやスポーツ・スタジアムで、子どものように大歓声をあげる。あるいは、お笑いや寄席で、誰よりも大きな声で笑ってみる。大人数のカラオケでは、思いきってステージに出て歌う……。そんなことも、簡単だけれど効果はバツグンです。

とにかく引っ込み思案は、たった今から返上。「楽しい！」と思える何かを見つけて、自分を発散させるコツを覚えましょう。

★世間の評判を逆手にとって

「ドラマな女」には、「自分の感情を伝える」ことが、生涯を通してのテーマになります。明快な自己表現で感情を伝えていくためには、多少のオーバーアクションも必要です。当然、ファッションや言動は、目立ったもの勝ち！　でいきましょう。注目される快感を知ってしまえば、周囲の視線がやる気を後押ししてくれます。

普段あなたが欠点だと気にしていることも、あるいは周囲の人がユニークだねというヘアスタイルやファッションセンスも、逆手にとってアイ・キャッチにしてしまう、そんな大胆な発想でいきましょう。

お手本があるとわかりやすいなら、マドンナやジェニファー・ロペス、ハル・ベリーをイメージしてみてください。ルックスはもちろん、プライベートでも派手に話題を振りまいてきた獅子座セレブ。批評や批判などいろいろありますが、でも、確かなのは、端から見ていて、本人は辛そうじゃないということ。この境地に達するのは難しいでしょうが、たとえ周囲の受けが今ひとつでも「私の良さにまだ気づかないのね」とずぶとく受け流して。あなたにとって大事なことは、「わかってもらう」ことではないのですから。

★表現に磨きをかけてアピール

20代で思う存分、ドラマな人生をエンジョイしてきたという人の中には、気がつけば、友だちも落ち着き始め、「楽しいだけでいいのかしら」と不安になりだしている人もいるでしょう。そう気づいたら、セカンドステップへ。それが、大人の女性です。

では、次にあなたが意識すべきは何でしょうか。それは、「表現の方法」にこだわることです。

仕事、恋愛、趣味、ステージは何であれ、自分にとってコレ！という自信のあるものを磨き上げ、そして人にアピールする。それが、あなたにワンランク上の強烈な喜びをもたらします。

人生とはステージで演じるようなもの。獅子座のあなたは、注目を浴びるために生まれてきたような人。だからこそ、自分がきちんとステージに立っているかを実感することがとても重要なのです。

もし、演じることや舞台に興味があるなら、好きな劇団のお手伝いをしたり、あるいは福祉・児童施設などで公演してみる。ボランティアの劇団に参加してみてもいいでしょう。案外、手っ取り早い自己実現になるかもしれません。

もちろん、「ステージ」は言葉のあや。舞台にこだわる必要はありません。絵画やキルト、ビーズなどアートな趣味を持つ人は、展覧会やグループ展などで発表するのもいいでしょう。詩や小説に興味があれば、書きためた作品を応募してみるのも手。

恋愛にしても、そこそこの人とそこそこの期間付き合って、それなりの結婚……といった、予定調和的なお付き合いはおすすめしません。ちょっと無理そうな相手にも思いきって告白するくらいの度胸はほしいもの。大胆で率直、それがあなたの持ち味。結果はどうであれ、そのときのあなたは人一倍輝きながら、恋愛ドラマの主役を演じているはずです。

「でも、やっぱり自信がない」という人は、今から、ファッションだけでも少しずつ華やかなものにしていきましょう。「誰にもわかってもらえなくてもいい」「ひとりでコツコツ続けていればいい」などと、自ら周囲に背を向けるようなアクションは、当然NGです。

★危ないステージは回避する

ただし、一度スポットライトを浴びる快感を知ってしまうと、演じるものがなくてもついステージに上がりたくなるもの。そういう人に限って、危険なラブアフェアや突然の海外逃避など、話題性たっぷりの行動をとりがちです。確かに、観客である周囲は盛り上がるでしょうが、人生という大河ドラマを一度の過ちで台無しにしないよう、悪いクセには十分なご注意を。

また自己表現の術《すべ》を手に入れたら、周囲を見回す余裕ももちましょう。人には人の、それぞれのステージがあるのだと、理解すること。姉御肌でリーダーシップのあるあなたですが、世の中には裏方志向の人もいるし、もっといえば、舞台なんていらないという人もいるのです。強引に人を巻き込むと、自己中心的だと敬遠されるだけ。そして、ときには、もっといい舞台をつくるために、周囲の意見に耳を傾けることも忘れないでください。

ステージに上がっている！　という感覚は、ここでいくら例をあげてもピンとこないかもしれません。それこそ人の数だけあるでしょう。

子どもたちを集めて読み聞かせをする、ブログで私生活を披露するなど、身近なことからでいいのです。あなたの「伝えたい」「表現したい」という気持ちに蓋《ふた》をせず、アクションを起こせば、すなわちそこが、キラキラと輝き始めるステージです。平凡な毎日の暮らしに流されて、ステージから降りてしまってないか、改めて振り返ってみてください。

そしてこれまで、就職、転職、結婚などの人生の節目において、周りが用意してくれたステージに何気なく上がってきたという人。これからは、10代、20代のころと違い、若くて可愛いというだけで、ちやほやされていた時代とは違います。人生のステージは、自分で用意するのだという気構えを持ってください。

♍

乙女座

パーフェクトな女になる

8/24～9/22

★時間も空間もコントロールしたい

友だち、あるいは恋人とのこんなやりとり。

「明日、どうする？」

「じゃあ、夕方適当に連絡を取り合おうか」

「何食べる？」

「そうだなあ、なんか思いついたら、メールするね」

約束したようなしていないような曖昧《あいまい》な会話に、あなたはイライラしませんか。

携帯電話やメールでのコミュニケーションが、ごくごく当たり前になってきた昨今。いつでも連絡がとれるという気安さからか、待ち合わせやスケジュールの約束がいい加減になってきています。予定が見えないことに、どうも不安を感じる。先行きがわからない中途半端な状況に、居心地の悪さを感じる。

スケジュールに関してだけではありません。決まったところに決まったものがきちんと納まっている。そんな当然のことがなされていないと、気になって仕方がない。どんなに疲れていても、必ずお風呂に入ってからでないと眠れない。それも同じような感覚です。

時間や空間を整えておきたい、コントロールしたいという気持ち。常に、予定や仕事は完璧にこなしたい。そんなあなたのライフ・テーマは、「パーフェクトな女」になること。あらゆる局面でパーフェクトな人間であろうとしてしまうのです。

徹夜でカラオケ、週末いきなりソウルへ、などといった、その場の勢いやノリに任せての予定外の行動が続くと、心底疲れてしまう。キチンと整理された引き出しやバッグの中身、スケジュール通りの行動など、すみずみまで行き届いた生活がベースにあって、初めてあなたは「自分の幸せ」を考えられる状態になるでしょう。

★優れた観察力を生かすには

例えば、みんなのためにコーヒーを入れる。ストレートで飲みたい人、ミルクを入れたい人、砂糖だけの人、両方を入れる人、いろいろいますが、そんな些細《ささい》な好みの違いも、あなたならいつのまにか覚えてしまうはず。周囲からはきっと、「優しい、気配りの人」と思われていることでしょう。

そういわれても、あなたにとっては覚えていたからやっただけの当たり前の行為なので、ピンとこないかもしれません。でも、こうした何気ない観察力や的確な分析力は、あなたに与えられた特別な才能なのだと、改めて自信を持ってください。

部屋の中は脱ぎ散らかした洋服だらけ、洗面所には使いかけの基礎化粧品のボトルが乱雑に並んでいる、キッチンの洗いカゴには洗いっぱなしの食器……という状況の人は、何はさておき、身の周りの整理整頓からスタートしましょう。自分の環境が整っていないのに、他人への気配りができるわけありません。

また、身の周りを整えるだけでなく、容姿のクリーンアップも忘れずに。清潔感は、あなたの魅力を強力に後押しします。乙女座ならではの魅力を引き出すなら、「さっぱり&すっきり」が大事。もともと、ダメージ・ジーンズや古着系ファッションなど、ルーズな着こなしが決め手となるような装いは苦手な人が多いはず。「えっ、その手のファッションが似合うと思っていたのに」という人は、今からでも遅くありません。清潔感あふれる、知性派路線に少しずつイメージチェンジをはかりましょう。

「何かそれヘンじゃない?」と周囲にいわれたら、それはあなたへの強烈な批判なのだと思ってください。人によっては、「ヘンじゃない?」がほめ言葉となる場合もあるでしょう。ですが、あなたには、「変だけどカワイイ」的な世界は逆効果なのだと覚えておいてください。

★言葉選びがランクアップの秘訣

目端《めはし》がきくあなただけに、気のきかない人を見ると、「何でわからないの、そんなことにも気がつかないなんて、おかしいんじゃないの」とイライラすることも。

また、世の中には、常識はずれで予想を覆《くつがえ》すような行動をとる人も大勢いますし、いくつになっても夢ばかりを追っている人もいます。そういう人を目にすると、つい「あの人にはムリ」「いい年なのだからちゃんとしないと」などと、批判精神が湧いてくることでしょう。

でも、他人の行動にいちいち目くじらをたてて、毒舌をまき散らすのは悪い癖。せめて使う言葉だけでも優しいフレーズを選びましょう。

ピュアで凛《りん》としたところが、あなたの魅力です。年を重ねても少女のような若々しい印象を与えられるか、あるいは、口を開くと人の批判ばかりといった、煙たい存在になるのか。選ぶ言葉次第であなたのイメージはまるで変わるのです。

子どものころから読書好きだったあなたは、言語能力も発達しているはずです。手紙を書いたり、長めのメールを打ったりするのが苦ではない。そんな能力を生かして、ブログを開設したり、エッセイや詩を書いてみてはどうでしょうか。

働く女性であれば、物事の本質を見抜く観察力を、レポートづくりや企画書作成など、言語化することに役立てるべきなのです。言葉選びに磨きをかけていけば、あなたの才能や魅力は確実にランクアップしていくでしょう。また、優れた観察力をイラストレーションや漫画を描く力として使う人も多いようです。

★周囲はあなたに何を求めている？

あなたには悩みがありますか。恋や仕事、人間関係で悩んだときの対処方法は、人によってさまざまです。新しいことにトライする人、石の上にも三年とひたすら耐える人、自分の趣味や生きがいにこだわり続ける人、世の中にはいろんなタイプの人がいます。

そんなときもあなたは、独断による転職や別離、あるいは海外留学、挨拶もなしの引っ越しなど、突然のアクションによって現状を変えるという対処法は望まないでしょう。あなたにとって、「自分は何をすべきか」を示す具体的なスケールは、「周囲は私に何を望んでいるのか」ということなのです。

ひとりよがりな思いつきで行動するのではなく、目の前にいる人、恋人だったり、家族だったり、友人や同僚だったり、そういう周りの人からのニーズに応えながら、自分を調整していく。ただし、あなたは「情に流されて仕方なく従う」のではありません。相手のためではなく、たくさんのニーズに応えていくことで、自分が見えてくるのです。例えば、あなたにとって親の意向を酌《く》んだ結婚は、親のためではなく、親を大事にする自分を確認すること。必要とされればされるほど、あなた自身はやりがいを感じるでしょう。

★ニーズに応えることで「私」は完成する

「ニーズに応えること」

乙女座にとって、どうやら何をするにあたっても、重要なキーワードのようです。

「人の要求に応えるばかりで、自分からは何もしてはいけないっていうこと？」

そんな不満が聞こえそうですが、そうむくれないでください。自分から積極的に行動を起こしたときでも、必ずそれが誰か、あるいは何かの役に立っているかどうか、ちょっとだけ立ち止まって考える気持ちの余裕がほしいのです。

友人や家族からの小さな頼まれごとや、パートナーからのささやかな要望などを放ったらかしにはしていないか、日ごろから意識してください。自己中心的な行動で自分だけの喜びを追求しているうちは、あなたは輝かないのだと星は教えてくれています。

さまざまな人からの「ニーズ」を、ジグソーパズルのピースに見たてて考えてみてください。たった1枚のピースが欠けていても、そのジグソーパズルは不完全です。試行錯誤しながらいくつものピースをはめていき、最後の1ピースを埋めたとき、あなたは完璧な人間になる、そんな自分をイメージしましょう。

ピースのひとつひとつには、「ありがとう」「あなたのおかげ」、そんなあなたへの感謝の言葉がたくさん詰まっています。

「頼まれ事をきっちりやるあなた」や「かゆいところに手が届くあなた」「周囲に目配りのきくあなた」を、パートナーや友人はきっと誇らしく思っているはず。新しいこと、楽しいことは、「ニーズに応える」という乙女座のテーマをクリアした人にこそ、何倍もの喜びを伴って訪れるはずですから。

♎

天秤座　9/23〜10/23

グッド・バランスな女になる

★世の中にはいろいろな人がいます

カルチャースクールやお稽古ごとなどの集まりで、自分とはかなり年の離れたお年寄りや若い人とも、自然に仲良くなれる。あるいは、洋服の趣味がまるで違う女性にも、「そのバッグ、似合うね」などと、気軽に声をかける。それは、自分がそのバッグを欲しいからではなく、それを選んだ人自身に興味を持つということ。

あなたの友人や知人の中には、年をとっているという理由だけで、年長者を「オヤジ」「オバサン」「老害」呼ばわりして、敬遠する人がいませんか。反対に、自分より若いというだけで、「何も分かってない」「生意気」などと文句をいう人もいるでしょう。ブルーワーカーを「汚い」と毛嫌いしたり、セレブを妙に避けたり……。テリトリー意識が強くて、自分と同じようなタイプとだけ、群れようとする人。

そんな人たちの話を聞きながら、「別にいいじゃない。人それぞれなんだから、全然ＯＫ」と思うあなたは、すでに天秤座のライフ・テーマ「グッドバランスな女」を体得している人だといえるでしょう。

でも、「どちらかというと、友だちは少ないし、なかなか自分からは声をかけられない」というあなた、そんな自分を変えたいとは思いませんか。

★今月、新たな出会いはありましたか？

年齢を重ねるごとに、家族や友人など、自分を取り巻く環境は固定されてしまいがちです。

最近、誰かとアドレス交換しましたか。それはいつですか。友人、知人の職業はバラエティに富んでいるでしょうか。

もし、この問いに即答できないようなら、会社の同僚や子育て仲間、かつての同級生や地元の友人たちなど、長い間変わりばえのしない顔ぶれとばかり付き合っている証拠。対人関係を狭めれば狭めるほど、天秤座の輝きは失われていきます。

今月、新しい人に何人会いましたか。メアド、名刺は増えましたか。あなたにとってアドレス帳は財産のようなものです。アドレス帳には、ひんぱんに目を通して、新しい顔ぶれが増えたかどうかを意識してください。

また、あなたが独身であれ既婚者であれ、「居心地が良くて、実家から離れられない」という人は、ひとり暮らしや両親との別居を考えてみるのもいいでしょう。ぬるま湯のような実家に依存していては、人間関係を広げるチャンスに自らブレーキをかけているようなもの。そして、自分のお城を持ったなら、まめに友人たちを招いて。インテリアは、お客様がくつろげるサロンのような雰囲気にコーディネートしましょう。

遊ぶ友人、集まる仲間はいつも同じ、という人は、習い事やセミナーへ通うなど、新たな顔ぶれと出会うチャンスをつくること。セレブのマナーを学ぶフィニッシングスクールも、学びと出会いの両方であなたを満足させそう。当然、パーティなど大勢が集まる場所へも積極的に出かけてください。

★パートナーの良し悪しが人生を左右する

「自分と違った性格や環境の人を尊重できる」という性質は、優れた協調性となって現れます。つまり、パートナーシップに長けているのです。

もしあなたが、近い将来に起業を考えている、あるいは何らかの創作活動を計画しているなら、パートナーと組んでの共同経営や協同作業を検討するのもアイデアです。あなたは、人の意見に耳を傾けることで、自分の頭を活性化させていく人。これまでにも、誰かとの対話が人生の突破口となってきたケースが多々あったでしょう。反対に相手にとってもあなたは、百人力のパートナーなのです。

ただし、パートナーを組むときに注意していただきたいのが、相手に合わせすぎないこと。バランス感覚に優れるあまり、つい、誰にでもいい顔をしてしまいがちなのが、あなたの悪い癖。そして、誰にでも理解を示せるが故に、人の意見にも感化されやすいのです。

威張るのでも、へりくだるのでもなく、相手と対等な立場を保てるのが、あなた本来の能力です。フェアな人間関係に支えられて、あなたの人生の天秤は傾くことなく、バランスをとっているのだと覚えておいてください。

専門知識や得意とする技術を持ち、どんな相手と対峙しても揺らぐことのない、プラスアルファの能力を持つことも重要でしょう。

★「美のスケール」が人生を強化する

女性誌の占い特集をのぞくと、天秤座について、「エレガント、知性、社交性、ファッショナブル……」などなど、女性にとって嬉しい言葉が並んでいます。ときには「美人が多い」とまで、書かれていることも。もちろん、この時期に生まれた人全てが美人であるわけがないし、おしゃれとも限りません。

では、なぜ天秤座には「洗練」という称号が与えられるのでしょうか？

天秤座のあなたは、多くの人と出会うことで、「世の中には、自分と全く違ういろんなタイプの人がいるんだ」と気づきます。美しい人もいれば、醜い人もいる。世界にたったふたりの人間しかいなければ、どちらが綺麗か、という甲乙にしかすぎませんが、その人数が、20人、２００人、２０００人……と増えていったら、どうでしょう。仮に、２０００人もの個性の違う人々に出会ったとしたら、あなたは、２０００人で構成された「美のスケール」を手にするわけです。

そのスケールがあれば、当然、自分自身のポジションもわかるでしょうし、であれば、あえて美しくない側に身を置くわけはありません。自然に、努力や工夫によって自分自身を磨いていくのです。

多くの人に出会うためには、たくさんの人に出会える自分でいることも重要です。相手に不快感を持たれては、コミュニケーションはスムーズにいきません。

例えば、ホームウエアに毛の生えたようなよれよれのファッションで、格式を重んじたパーティに参加することはないでしょうし、逆に近所へ買い物に行くのに、クローゼットの中で一番高いワンピースを選んで着飾ったりはしないでしょう。

より多くの出会いを実現するためには、誰からも好感がもたれる、周囲の目を十分意識したファッションや立ち居振る舞いが大事。それを可能にするのも、あなたが心に作成していく「美のスケール」なのです。

フィギュアスケートの浅田真央さん、女優の松嶋菜々子さんやフリーアナウンサーの滝川クリステルさんも天秤座ですが、なぜ幅広い層から支持を受けているのか。それは、きっと彼女たちも自分なりの「美のスケール」を手に入れているからでしょう。

この「美のスケール」は、ファッションに限らず、頭の回転が良い・悪い、会話のうまい・下手といった、「知のスケール」づくりにも応用可能でしょう。

★コネクションが幸運の扉を開く

さまざまな人とコンタクトをとることで、あなたのアドレス帳はいっぱいになるでしょう。ご無沙汰している人がいないか、アドレス帳はマメにチェックしましょう。「最近、お目にかかってないな？　どうしているかな？」と思ったら、メールや電話、旅先からハガキを出すなど、コミュニケーションだけは怠らずに。

また、コンタクトをとるときはさりげない自己アピールも忘れずに。例えば、最近、学生時代の友人と会ったとします。翌週、上司から「誰か、英語が堪能な人を知らないか？」と聞かれました。あなたは先週会った友人が通訳の仕事をしていることを思い出し、上司に紹介します。友人がこの縁をどう生かすかはわかりません。ただ、同じようにあなたもやっぱり誰かから、「思い出される人」であってほしいということなのです。

今までの人生を振り返ってみてください。ターニングポイントに立ったとき、きっとあなたは誰かに引き立てられ、引っ張られて、次のステップへと進んできたはず。あなたからコンタクトをとったケースもあっただろうし、あなたのことを思い出した人から接触してきたこともあったでしょう。縁やコネクション、ネットワークと呼ばれる人間関係は即ち、あなたにとって幸運の扉そのものなのです。

「自分ひとりで何とかする！」なんて肩肘張らずに、あなたのアドレス帳を活用してください。

♏ 蠍座
本気な女になる
10／24～11／22

★情熱を注ぎ込む対象に出会う

上下巻にわたる分厚いミステリー小説や海外ドラマのDVD、ロールプレイング・ゲームにビーズやキルトなど、睡眠をとるのも忘れるほど、何かに夢中になった経験が、あなたにはきっとあるでしょう。

あるいは、あるバンドやアイドルグループに魅せられ、日がな一日中CDを聴きまくり、ライブと聞けば欠かさず出かける。社会人になってお金を稼ぐようになってからは、ライブ・ツアーを追っかけて、全国のコンサート会場を巡ったなんて強者もいるかもしれません。

一度スイッチが入ると、他のことがまったく見えなくなる、そんなあなたは、まさに蠍座ならではの「本気な女」です。いったん「好き」というスイッチが入ってしまうと、そこから先のあなたのアクションは極端です。その瞬間、いきなり情熱はトップギアに入ってしまいます。あなたには、「なんとなく好き」「別に好きでも嫌いでもない」といった曖昧な感情はありません。大好きか大嫌い、常に、オール・オア・ナッシングです。

しばしば「愛と官能」といったキーワードで形容されることの多い蠍座ですが、実際、「男と女の愛」にたとえて説明すると、蠍座のライフ・テーマは、とてもわかりやすいのです。

★ライフ・テーマは、愛のカタチそのもの

あなたは、自分の本気を見極めてからでないと動けない人。デートやキスなど、恋愛関係におけるステップにおいても、とてもシリアスに捉えます。相手を受け入れるかどうかについて特別な意味を感じるでしょう。とりわけ、肉体関係は、自分のすべてを投げ出し、すなわち自分が変わってしまうほどの影響を受け合うということ。「一線を越える」とは、自分が足を踏み入れたことのない領域に入ること。

唯一無二の相手と認める人にのみ、自分が変わってしまうほどのディープな愛を求める。その本気度は天下一品です。

あなたには、そんな出会いがあったでしょうか。

これまで、恋愛によって人生が一変した女性を数多く見てきました。惜しげもなくキャリアを捨てて専業主婦に収まった人、家業を継ぐ恋人を追いかけ、見知らぬ土地へと嫁いだ人。

情熱を注ぐ対象は、人に限ったことではありません。仕事でも趣味でも同じです。音楽、旅、詩や小説など文学……。例えば、和装したくて始めたお茶に魅せられて、茶道の世界に身を投じた人。小さい頃からの「ムーミン」好きが高じてフィンランドへの移住を決めた人。あるいは、自分自身や身近な人の病気や死など、ネガティブな出来事からの想起によって、ボランティアやNPOなどの活動を始めた人もいます。

世の中には、あなたを変えてしまうかもしれない出会いが無限に散りばめられています。魂と魂が触れあうほど、目の前の人やものに徹底的にこだわることで、あなたはドラマチックな変身を遂げるでしょう。

★オンリー・ワンは必ず見つかる

今、何の不満もないとしたら、あなたはすでに本気になれる対象と出会っている、ライフ・テーマをみつけているということです。

反対に、「これまで、そんな出会いがあったとしても、見逃したかもしれない」と、気に病む人もいるでしょう。でも、それがすぐに思い出せないような出会いなら、大丈夫。ここでいう「運命的な出会い」とは、あなたにとって、見逃すことなどありえないほどのインパクトを与えるはずですから。

では、その何かが思い当たらないという人にうかがいます。恋愛でも結婚生活でも、あるいは、趣味でも仕事でもけっこうです。あなたには、「長く付き合ってきた」と、自負するものがあるでしょうか。それがあってなおかつ、深刻な経済問題や家庭の事情がないのなら、とにかくそのまま続けてみてください。「結果が出ないから」と中途で放り出さず、目標をさらに高く掲げ続けて、満足度が沸騰点まで到達したとき、きっとトンネルから抜け出したような、明るい光りに包まれるでしょう。自分自身の力を信じてください。

問題は、10代、あるいは20代のときに、「きっとあのことだ」と思える出会いや体験があったにもかかわらず、忙しさや親の反対といった何らかの事情でスイッチを入れることなく、通り過ぎてきてしまった人です。湖底に引っかかった藻のように、今でも心の奥底にこだわりや憧れが沈んでいたり、執着が潜んでいる気がしているのなら、もう一度それを引っ張り出してみませんか。

「今さらそんな」と二の足を踏む理由が「年齢」だとしたら、気にすることはありません。だってあなたには寝食を忘れてしまうほどの集中力があるではありませんか。それが、あなたにとって唯一無二、オンリー・ワンのものなら、おそらく一生の付き合いになるでしょう。これから何10年間にわたって向き合うことに、たった10年やそこらのロスを悔やむ必要はありません。

★出会いの日まで、自分を磨いておく

本気になるものがない、仕事もイマイチ、特別な趣味もなく、恋人もいない。そんな自分の凡庸さや平凡な毎日に、ちょっとクヨクヨしている人は、特別な「何か」が見つかるまで、少し外に目を向けることも大事です。

ただし、だからといって恋愛同様、たくさんの趣味や万人受けするファッション、浅く広くの学習は、あなたには向いていません。次から次へと趣味や人々の間を移ろっていても、あなたの心は満たされないはず。

むしろ、自分という人間をもっと深く知るために心理学を学んだり、深層心理を探る色彩心理学やエニアグラムなどに取り組んだほうがいいかもしれません。

また、ひたむきな思いを注ぐ対象を求めるときに、一番気をつけてほしいのが、見つからないからといってその行動を恋愛に転化してしまうこと。

誰から見てもどうしようもない男性と深みにはまり、人生を翻弄《ほんろう》されてしまうというケースが、あなたにとってありがちで最悪のシナリオです。オール・オ

ア・ナッシングな性質だけに、数カ月で見切りをつけて別れるといった、クールなアクションがとれません。とことん傷つくまでは、別離に踏み切れないのです。ドロ沼化しているうちに時間ばかりが過ぎていきます。10代、20代なら「いい勉強」と割り切れても、その愛憎ドラマに費やす時間を他のことに当てていたらと思うのです。

身に覚えのある人は、次の恋は、秘密裏に始めないこと。信頼できる人に相手を紹介してから、新しい恋をスタートさせましょう。

そして、「恋愛」や「結婚」だけが人生の目的ではないと、考え直してみてください。他にも、自分の魂を震えさせるようなものはきっとあるはずです。

既婚者、とりわけ子育て中の人は、全身全霊でお子さんと向き合っていることでしょう。仕事を抱えていれば、どちらも手が抜けず、かなりストレスになりそう。「子育てに手を抜きたくないから」と、スッパリ仕事を辞めてしまう人もいるでしょう。何事にも極端なあなただけに、大いにありえる選択だと思います。

ただ、すでに子ども以外にも、大切な趣味や、やりがいのある仕事があるなら、とにかくプツンと縁を切らないこと。あなたらしくない選択かもしれませんが、「つかず離れず」のお付き合いを続けることです。子育ての卒業日は、必ず来ます。そのとき、あなたの魂をゆさぶるほどの対象は、そう簡単に見つかりません。子育てだけに人生を注ぎ込んでしまうと、40代後半以降の燃え尽き症候群が心配です。

★情熱が人生を熟成させる

運命の人やものと深く長く付き合うほどに、あなたの成長も高まります。恋もキャリアも、そして子育ても、早急に結果を求めたり、形にしようと焦らないでください。逆にいえば、とことんやってみないうちに諦める理由もないのです。繰り返しますが、心のスイッチが入ったときのあなたの持久力には目を見張るものがあります。誰も真似できないのだと、自信を持ってください。

年を重ねるごとに、人生の喜びはいっそう深くなります。時間と情熱を注ぎ続けることで、ヴィンテージ・ワインのようにあなたの人生も熟成するのです。

射手座
旅する女になる

11/23〜12/21

★異文化の扉をノックする

「旅先の自分」と想像するだけで、あなたはワクワクしませんか。グアム、ハワイ、モルディブなど南の島のリゾート、あるいはニューヨークやパリをはじめとする時代の先端をいく大都市……。行き先がどこであろうと、異国の地に降り立ったその瞬間から、胸が高鳴り、頬が紅潮してくるような興奮を覚えませんか。見送りでエアポートを訪れただけでも、日ごろのストレスが吹き飛んだり？　そんなあなたは、まさに射手座のライフ・テーマである「旅する女」そのものです。

あなたにとって旅する目的は、なじんだ環境とは異なる場所へと自分を解き放つこと。それは一体、何のためでしょうか。

例えば、あなたがパリのルーブル美術館で、「ミロのヴィーナス像」に心を奪われたとします。そのときあなたは、ヴィーナス像をつくった古代ギリシャの人々と、美意識を通じて感動を共有しているのです。あるいは、異国のレストランで、「生まれて初めての味」と出会い、驚きと喜びに満たされたとき。あなたは、慣れ親しんできた食材や味覚とは違う五感の喜びを、その土地の人々と共有しているのです。

楽しいことや嬉しいことばかりではありません。戦争や圧政の犠牲になった人々の慰霊碑を訪れたとき、あなたの胸に湧き起こる、争いに対する怒りと哀しみの共有もまた同じことです。

異国の文化や歴史、伝統に触れることで、同じ地球に生きる人間として共通の、「喜び」や「哀しみ」を知る。それは、「人間が生きる意味」を探っていくためなのです。こんなふうに言葉にすると妙に堅苦しく聞こえますが、要は「お金や物より大事なことを探しましょう」ということなのです。

★人生という旅を生きる

「人生もまた旅のようなもの」ととらえてみると、あなたのライフ・テーマがなぜ「旅する女」なのか、はっきりしてきます。いつもの仕事、家族との窮屈な関係、恋人とのマンネリ・デート、習慣的に続ける習い事……。「何だか私、自由じゃない」と、毎日の意欲を失っているなと感じるなら、きっと今のフィールドが、あなたにとって狭すぎるのでしょう。

朝起きて夜寝るまで、すべてが自由、何の制約もないという人生は、ありえません。決まった時間に起きて、通勤電車に乗る。ミセスなら、子どもたちの世話もあるでしょう。嫌いな人でも、道で会ったら挨拶くらいは交わさなくてはならない。あれも、これも、全部投げ出すにはいきません。

「旅」は、あなたにとって何者にも縛られない自由な人間を表す端的なシンボルというわけです。

★物欲から解き放たれてみる

「結婚している人には、私の気持ちはわからない」と言う独身の人。あるいは、シングルの人に向かって「子どものいない人には、子育ての苦労はわからない」と言う既婚者。人それぞれ環境の違いがあるのは当然です。そんなふうに言われたら、「じゃあ、何にも話せないじゃない！」と、あなたは食ってかかりたくるでしょう。

パートナーや子ども、仕事の有無、収入の多少、親との同居かひとり暮らしか……。同じ30代、40代でも、さまざまな立場があります。その上で、「あなたと私は違う、でも、生きる喜びは、こんなにも同じ」と実感することに意味があると、あなたは考えています。すなわち、この人間や人生の本質を追求したいという「哲学的希求」こそ、あなたを駆り立てて止まない大テーマなのです。

ですから、もし今、ブランドのバッグを何個持っているか、いかにして彼をつくるか、そんな世俗的なことに関心のすべてを注いでいるのなら、一度、心を解き放って、「人はなぜ生まれてきたのか」、いいえ、もっとシンプルに、「自分は何のために生きているのか」について考えてみましょう。

物欲という束縛から解き放たれて、「生きる意味」について考えてみる。この壮大なテーマの答えは、ひとりで考えていても、簡単に見つかりません。だから、探しに出かけませんか。

単調な生活に埋没していては、生きる意味など考えられません。同じような顔ぶれと同じような毎日を過ごすことは、自由を愛するあなたにふさわしい生き方とはいえないでしょう。

★人生の脇道にそれないこと

あなたの考える「人生」とは、親やパートナーから与えられるものではなく、自らハンティングするものです。ですから、「一緒にいるだけで安心する」「守られたい」という思いだけで、パートナーや友人を選びはしないでしょう。刺激のない会話や家族のような穏やかな愛情は、退屈なだけ。語るヴィジョンも夢もない相手なんて、獲物として狩る価値なしといったところでしょう。

「この人なら」と狙った相手に挑んでは、「ちょっと違ったみたい、やめよう」と、あっさり引き下がる。あなたはさほど執着しない、そんな二面性があります。周囲から、熱しやすく冷めやすい、飽きっぽいといわれるのも、そのせいなのです。もっと時間をかけて相手を知れば、違う展開になったかもしれない。けれども、せっかく狙った獲物を追いつめたところで、つい脇道へコース・アウト、また新たな狩りを始めてしまうのも、夢追い人の悲しい習性です。

人間関係に限ったことではなく、趣味や仕事も同じこと。入り口をウロウロしただけで、また別のところをのぞいてみる。これでは、いつまでたっても本質にふれるレベルまでは到達しません。ゴールを設定してみることも大事。人生は仕上げが肝心なのです。

★精神的なものを地上に降ろすという作業

子ども時代のあなたは、運動ができて活発な、誰とでも仲良くなれるクラスの人気者だったのではありませんか。このころから培ってきたコミュニケーション術と軽快なフットワークは、大人になって「精神性」を追求するために、自らが準備してきたものだったのです。

あちこちを飛び回り、異文化の扉をノックし続けてきたあなた。さあ30代、40代を迎えた今、次なる課題は何でしょう。それは、人生という旅から得た感動を、いかに現実レベルで役立てていくかということです。

あなたが感じたこと、経験した思いを伝えるためには、かなりの理論武装が必要です。何といってもあなたが説明しようとしているのは、お米の作り方やビデオの録画の仕方、最近オープンしたレストランの場所などではなく、「感動」だったり、「精神」だったりするのですから。

「でもさあ、〇〇ってやっぱり……」この「〇〇」に入る言葉は、「日本の外交」でも「世界の宗教」「文学」「アート」でもかまいません。とにかく、アカデミックで抽象的な話題を持ち出すとします。そのとき、相手から「えー、よくわからない」「別にどうでもいいじゃない」といった類の反応が返ってくるようなら、それは聞き手のレベルが低いわけではなく、あなたの話題が相手を刺激するだけのレベルに達していないということ。知ったかぶりや知識をひけらかしたいためだけの会話なんて、必ず、化けの皮がはがれます。

もっと充実した会話を望むなら、あなた自身の学びは、とても大事。

ヴィーナス像の感動を説明するのに、「何しろいい、見れば誰もがそう思う」といった貧しい表現では、誰も心を動かされないでしょう。

哲学や心理学、宗教など、人間の生きる意味を考える学問はたくさん存在します。読書で知識を得るのもいいですし、異文化研究を掘り下げるための語学習得、カルチャースクールに通ったり、通信講座を受けたり、あるいは大学や大学院に入り直すなど、学習意欲を満足させるための手段は、いくらでもあります。

つまり、年齢を重ねてフットワークが落ち始めるころ、あなたはこれまでの経験を「思考」にまとめる作業段階にはいるというわけです。その傾向は、40代を迎えるころから、徐々に強くなるでしょう。そのとき、あなたの引き出しには、どの程度の体験が詰まっているでしょうか。空っぽでは、困ります。

この先も、魅力的な「旅する女」でいられるかどうかは、今あなたがどれほど見聞を広げるかにかかっているのです。

山羊座
ソーシャルな女になる
12／22〜1／20

★社会といかにつながっていくか

あなたは派遣社員で、新たに明日から派遣される会社が変わるとします。派遣先は、親や友人の誰も知らないような小さな会社であるより、「あー、あの○○ね」と言われる大企業の方が嬉しくはないですか。

あるいは、プライベートで友人や知人を誰かに紹介するときに、「この人、T大出ているのよ」「M銀行にお勤めの○○さん」と、つい勤め先名や出身大学を形容詞にしてはいませんか。

あなた自身についても同じです。既婚者であれば、どんなに家庭円満であったとしても、「○○さんの奥さん」や「○○ちゃんのママ」のままでは満足できないでしょう。そんなあなたは、まさに山羊座、「ソーシャルな女」。

「私は肩書きで人を決めつけたりはしない」と反論されるかもしれませんが、権威に弱いと指摘してるのではありません。単純に、肩書きや知名度が、あなたにとっては便利でわかりやすい記号だということです。

「この人、綺麗でしょう」と外見的な美しさを取り上げる人、あるいは「すっごく素敵なオウチに住んでいるの」と、住まいに関することを形容詞に選ぶ人もいるでしょう。人のどこに注目するかというセンサーは、人それぞれですが、あなたのセンサーは、経歴や社会的ポジションに反応しやすいということです。

★「オフィシャルな私」は自分でつくる

ですから当然、あなた自身も社会で認められる存在でありたいと、強く願っていることでしょう。「ソーシャルな女」がライフ・テーマの山羊座にとって、胸を張れるオフィシャル・ライフはとても重要なのです。

「自分のオフィシャルな面についてはあまり話した

くない」状態が続くと、自信喪失のあまり何事にも消極的になり、結果的にあなたをいじけさせます。

結婚&専業主婦願望の強い人であれば、パートナーには社会性のある男性を望むでしょう。エリートだったり、2代目のボンボンだったり、「地位と名声のある男性」です。ですから、うっかり腐れ縁のプータローとできちゃった婚をして、後で「もっと頑張れ!」「ちゃんと稼いで!」と夫を責めるというパターンは、あなたにとって、とても笑えない展開です。

あなたが独身のワーキングウーマンであれば、エリートや高収入の男性の集まりそうなパーティや合コンに奔走して玉の輿を狙うより、自分自身が社会的地位を築くことをおすすめします。すでに結婚しており、夫に不満という人も、同じこと。望むものは、他人に期待するよりも、自身の手で実現させる方がストレスは溜まりませんから。

★準備不足、実力不足のまま焦らないこと

女、30代。あるいは、40代。そろそろ焦りが見える年齢。今の生活に満足していなければ、現状を変えたいという気持ちが強まるのは当然です。

女友だちのなかには、合コンで出会った人と勢いで結婚したり、会社を辞めて海外留学を決行したりする人が、出てくるかもしれません。でも、こうしたアクションを真似たとしても、あなたに真の達成感をもたらすとは限りません。

「誰もわかってくれなくていい。私は私の道を行く」と、強い意志と忍耐力で何とかするというあなたの発想も、実は「みんなに認められたい」という気持ちの裏返しだったりします。

準備不足のままフリーランスになったり、起業をしたり、そういう冒険やハプニング的な行動も苦手です。成功への関心は人一倍強いものの、一発勝負で結果を出そうなどと考えないのが、あなたの良さ。

あなたがいちばん恐れるのは、やってはみたものの、「なーんだ。案外大したことないじゃない」という周囲の評価ではありませんか。実力が伴わずに無理をしても、いつか化けの皮をはがされることをあなたは知っているのです。

この時期、焦ったばっかりに、迂闊《うかつ》な決断をすると、

これまでの努力が台無しになると肝に銘じてください。

★仕事も愛も、ロングランナーでいこう

10代、20代のあなたは、いわゆる「女の武器」を使うのは苦手だったでしょう。要領よく、可愛げに振る舞ってトラブルを回避するタイプではないので、若いころは仕事も恋愛もなかなか思うとおりの結果が出ずに、落ち込むことも多かったはず。

でも、今、結果が出なかったとしても、「他の花が散ったころにもまだ咲いているのが私」だと考えてみては、いかがですか。

努力というほど大層なものではなくても、継続することで、あなたという花はゆっくり開きます。決して焦ることはありません。少しずつ確実に進むうちに、見渡してみるといつのまにか山の頂上に立っていたというパターンは、案外多いのです。

一瞬のきらめきを求めるのではなく、ロングランナーとしての自覚が、あなたを人生の最終勝利者へと導くことでしょう。あなたにとってウサギとカメの結末は、単なるおとぎ話ではないのです。

ですから、年齢を重ねれば重ねるほど、あなたには有利。仕事も愛も、そして、美貌だって同じことです。若いころは、「年齢より落ちついて見える」といわれたかもしれませんが、30代半ば以降、周りが老けだすころでも、あなたは若いころの印象のまま。「昔は可愛かったのに」という陰口とは、一生無縁なのです。

★時がたっても風化しない趣味を

「仕事も趣味も自慢できるものではない」と感じているなら、合コンのセッティングや流行の追っかけをやめて、伝統的な世界に身を投じてみるのも一計です。

アンティーク収集や和装の世界に触れてみたり、歌舞伎や能といった伝統芸能を鑑賞したり……。悠久の時を感じさせる重厚な趣味は、これまでトレンドにばかり目を向けてきた人には、大きな刺激を与えるはずです。

時がたっても風化しない趣味を持つということは、これから専業主婦になりたいと思っている人にも、今は子育て真っ最中で仕事に復帰できないという人にも、とても意味があります。

数年のブランクなどものともしない、一生楽しめる趣味。社会参加にこだわる山羊座だけに、世の中から隔絶されたような精神状態に陥ったときも、流行や時代にかかわらずいつでもカムバックできる世界を用意しておくことは、とても大事なことでしょう。

「40代、50代になっても、生き生きと楽しんでいる姿」がイメージできるかどうかが、あなたの趣味選びのポイントです。運動好きの人であれば、ハードなボールゲームより何歳になっても楽しめるゴルフを。若さが勝負のサーフィンより、ジョギングや水泳を。年齢に関係なく継続できるスポーツという視点をお忘れなく。

★メンタルケアも大切に。自分をいたわって

有能なあなたは、物事を段取り良く仕切るのは得意だけれど、自分自身のメンタルケアに気を配るのは案外苦手です。目に見える評価ばかりに捕らわれて、ときどき感情がおいてきぼりになっていることに気づいていますか。

目標に向かって着実に進むのはけっこうですが、達成感の裏側では、連日の残業や自宅に持ち帰った仕事による疲労、友人から、あるいは仕事がらみの人から放たれた悪意ある言葉の数々が、ボディブローのように効いているはずです。また、なかには目標に届かない自分を責めて、よりハードに働こうとする人もいるでしょう。

「私、そんな仕事人間でも、努力家でもない」とあなたは思っているかもしれません。でも、スケジュールをやりくりしてビジネス・ディナーをセッティングしたり、休日にも仕事関係者とのゴルフに出かけたり、本屋に行っても仕事に関する資料を読みあさったり……。なんだかんだ、プライベートに仕事を持ち込むことを厭《いと》わない人も多いはず。「休む」ということは、仕事から自分をオフにすること。ひとり静かに、完全に休むという意識を持ちましょう。

心を癒《いや》し、身体をいたわる。ロングランナーでいるためにも、とりわけ働く女性や子育て中の女性には、肩書きからも役割からも解き放たれた裸の自分をケアするという意識を持って欲しいのです。

水瓶座

ボーダーレスな女になる

1/21〜2/18

★自由な対人関係が意味するもの

友人A子から紹介されたB子が、偶然同じバンドのファンだと判明、すっかり意気投合し、ふたりでライブ通いが始まりました。すると、あなたにB子を紹介してくれたA子が、なんだか面白くなさそう。どうも「私の友だちをとられた」と怒っているらしい。

誰かと親しくなろうとしているとき、感情的な束縛を受けるなんて、わずらわしいと思いませんか。嫉妬とか、独占欲を、ひどく不自由に感じるのです。

会えば相変わらずの家族やパートナー、職場の悪口、、お互いの悩みが似たようなものだわかると、どこか安心する。こうした女性にありがちな、グチの言い合いや共依存の友人関係をあなたは良しとはしないでしょう。寄りかかるのも寄りかかられるのも苦手。そんなところがありませんか。

男だろうと女だろうと、友だちは友だち。

もちろん、友だちの恋人であろうと、話が合うと思えば、また会いたい。

年が上だろうと下だろうと、友だちは友だち。

相手が学生でも、親より年長者であろうとも、話が面白ければOK。

収入にどれほど違いがあろうと、友だちは友だち。

既婚・未婚、子どもがいようがいまいが、外国籍だろうと、多少服のセンスがヘン（!）であろうと、あなたには、あまり関係のないことでしょう。

そもそも、人と人との間に垣根はない、そうあなたは考えています。

「垣根がない」、つまり、ボーダーレス。

あなたのこの考え方は、家族や友人など、プライベートに止まらず、仕事、趣味、どんな場面においても、踏襲されます。上下関係、地域、国籍、男女のジェンダーなどなど、人間をカテゴライズするあらゆる境界線を取っ払って、自由でいることを望む。それが水瓶座、「ボーダーレスな女」なのです。

当然、グローバルな感覚を備えていますが、「外国かぶれ」「外国好き」というよりは、そもそも日本と外国を線引きする発想がないのです。

★行く手を阻む世間との戦い

「それは前例がない」

「○○さんの承諾がないと……」

オフィシャル、あるいはプライベートで、あなたの行く手を阻む保守的な声に出会うたびに、「ああ、もういいや、こんなところにいたくない！」と、何度あなたは思ってきたことでしょう。

冠婚葬祭もまた、あなたの頭を悩ませるものではありませんか。お祝いの気持ちや哀悼《あいとう》の意を伝えるのに、なぜドレスコードに縛られるの？　極端にいえば、亡くなった人に対するお悔やみの気持ちさえあれば、葬儀に参列する・しないだって大した問題ではない、と思う人もいるでしょう。

また、何かが流行《はや》ると、誰もが同じようなものを身につける、話題の店に行列をつくって何時間も並ぶなど、世間の評判やブームに乗っかって生きるなんて、あなたにとって退屈以外の何ものでもないでしょう。

クールで楽天的、権威・形式・古い因習にこだわらず飄々《ひょうひょう》と生きるあなたを、保守的な人々は「変わり者」とバッシングするかもしれません。若いころは、「生意気だ」「目上にたてつくな」と言われ、頭を押さえつけられてきたのではないでしょうか。

★主張のあるスタイルを貫く

そうはいっても、世の中には、あなたひとりではどうにもできないルールがあります。これまで、必ずしも、ゴーイング・マイ・ウエイを貫いた人ばかりではないでしょう。

「もっと○○した方がいいのに」という思いを抱えながら、周囲からの「ムリ」「ムチャ」「ダメ」の声に、あっさりくじけてきた人も多いのでは。

そんなこんなで30代、そして40代。今ここであきらめては、窮屈なベルトコンベアに乗った人生を受け入れることになってしまいます。

周りがどんなに反対してもやりたい仕事がある。

「結婚しなくてもいいかな」とふと考える。

子育て中の人なら、「子どもにとって大切なのは、いい学校に入れることじゃない」という思いがよぎる。

小さなことから大きなことまで、まだまだあります。

「女子社員がやるのは当然」という会社のお茶くみ制度、「家事は女性のほうがうまい」と考えるパートナー、「年老いた親を面倒見るのは子どもの役目」、「その年でそのファッションはおかしい」など、世間一般のルールやモラルに対するアンチな気持ち、くすぶっていませんか。

常識人ぶっていやいや世の中に迎合したまま、本当の自分にフタをしてしまうくらいなら、いっそここで宣言しちゃいませんか。

「私は、みんなと同じじゃない!」

そう口にすることによって周囲がひいたとしても、あなたには「ひとりになる」ことも、案外どうってことはありません。むしろ、宣言後のあなたには、もっとたくさんの同じ考えをもつ友人ができるはず。

★自分のスタイルを確立する

ただし、一番大事なことは、その宣言にはあなたの「スタイル」が、主張として見てとれなければいけないということです。

世間に迎合したくないから自分流を貫く。それは単なる世捨て人と同じかもしれません。

「フリーランスになってでも自分の信じる作品を作り続ける」クリエーターと、「誰もわかってくれないから会社を辞めてプータローになる」アーティスト崩れ。

「理想の社会を実現するために、NGOやNPOに参加する」人と、「日本はおかしい。A国ではこうしている」と、ただ知識や昔話をひけらかす人。

どちらも、社会に迎合しないように見えます。でも、10年後、20年後を考えたとき、人生の違いは歴然としているでしょう。似たような性格でも、スタイルの有無が、その後の人生を大きく変えるのです。

「ヘン!」だけど、かっこいい。

「ヘン!」すぎて、危ない。

あなたは、どちらのグループに属するつもりですか。

★理想の社会をつくる、前向きな姿勢

理想家肌のあなたは、よくも悪くも、現状に満足できません。でも、自分の価値観を押し通したいがための、あるいは不満足のゆえの、「NO!」ばかりでは、周囲から浮いて、孤立しやすいのも確か。他人のやり方にNGを出すなら、あなたからもきっちり提案をすること。それがネクスト・ステップです。

例えば、地域のボランティア活動に協力しているものの、どうもやり方が合理的でないと感じたとします。でも、「それって古いんじゃないですか」とダメ出しするだけでは、今まで一生懸命やってきた人をムッとさせるばかり。前例がないのなら、インターネットや図書館を利用して、調べてみる。そして、「調べてみたら、○○県○○市では、こんなことをやっていましたよ」と具体的な代案を出すところまで、責任を持つ。そのあたりの情報収集はおそらく得意なことでしょう。

せっかく用意したあなたの提案が採用されなかったとしても、「一応、言うことは言ったからいいや」くらいに、受け止めて。「NO!」だけでなく、「YES!」についても、あなたからアクションを投げかけたということが重要なのです。

あなたの改革案が、ちょっと周囲の考えるスピードより早すぎた内容だったとしても、それがいいアイデアであるなら、きっといつか形になるでしょう。つまり、長い目で見れば、あなた自身の手で、理想をひとつ実現したことになるのです。

絵空事ではなく、現実というステージで、具体的な理想を提示していく。その際は、人々の中心で動くことを厭《いと》わないで。若いころのあなたは、ルールや権威に縛られることを嫌い、「孤立」すら良しとしてきたかもしれませんが、もうそれに甘んじている年齢ではありません。

人生のキャリアを積んできたあなたです、説得力も増しているでしょう。いくら「お手々つないで」の雰囲気が嫌いだとしても、口先ばかりの逃げ腰な態度でいては、あなたの理想は実現しません。

そのためにも、自由な発想を生かせる場や生かしあえる人々との共存が、大事なのです。同士を増やすことで、勇気を得ましょう。

♓ 魚座

シックスセンスな女になる

2/19〜3/20

★理屈ではなく第六感を信じる

休日、のんびり過ごそうと家にいたら、「ピンポーン」とインターフォンの音が……。荷物が届く予定はないし、何か嫌な予感がして、イマイチ扉を開ける気が起こりません。「いいや、無視しちゃおう」 すると後日、あなたが苦手としている友だちがアポなしで頼み事に来たのだと知る。「良かった、出なくて！」と、ホッとする。

あるいは、大勢でワイワイやっているとき。友人のひとりが、一見楽しそうにしているのに、どこかいつもと違うように見える。こっそり声をかけてみたら、肉親の重い病に落ち込んでいた……。

こうした、表面的な言葉や行動からはわからない微妙な気配を察知することに優れるあなたは魚座、まさに「シックスセンスな女」です。

恋の気配にもとても敏感で、周囲に内緒で付き合っているふたりのことも、なぜかあなただけが気づいてしまう。そんな経験もよくあるでしょう。

もちろん、自分の恋にも敏感です。「魚座はモテる」という定説は、異性からの好意をいち早くキャッチできる能力のために、恋の取りこぼしが少ないことにも関係しています。

「あのころ、キミのことが好きだったんだ」「えー、全然気づかなかった。言ってくれれば良かったのに！」

こんな会話は、魚座にはまず無縁でしょう。あなたは必ず、相手の思いを察知するでしょうし、相手もあなたの察知した様子から、自信を持ってアプローチするでしょうから。

★追い詰められるとジャッジが鈍る

社内や家庭の空気が悪い。悩み事を抱えていそうな人、怒りを押しとどめている人。人一倍デリケートで、繊細なあなただからこそ、日常に潜む不穏なオーラを感じるのです。

このシックスセンス（第六感）を、あなたは日々の生活で生かしていますか。

第六感を上手に使うコツは実に簡単です。第六感が働いたことに気づく、それだけのこと。ただ、目の前の問題に気を取られるあまり自分の第六感に蓋をしてしまえば、「ピン！」ときた瞬間を感じることもその場のムードを察知する余裕も、なくなるというわけです。

恋愛にたとえてみましょう。

恋人候補AとBがいて、どちらもあなたへ熱心にアプローチしている。

Aは、大手企業に勤めているビジネスエリートで、経済的な心配はない。

Bは、学生時代の同級生で、現在の仕事には納得しておらず、収入はイマイチ。

あなたの第六感は、Bを選ぶと幸せになれるといっている。でも、あなたには親の借金問題があって、経済的不安が大きい。そんな自分自身の問題に気をとられて、第六感のささやきに迷いが生じると、結局どちらが好きかわからなくなってしまう。現実のトラブルや悩み事は、しばしばあなたの目くらましとなって、ジャッジを誤らせることになります。

ですから、忙しすぎても、悩みがあっても、自らを追いつめないでください。そして、自分自身に対して癒し上手になること。若いころのように、夜遊びやショッピングでストレス発散、というわけにはいきません。神経が疲れているから、ジャッジも鈍るのです。疲れたら、休む。第六感をフルに働かせるためにも、外出より、入浴や睡眠にこそ、時間とお金をかけるべきなのです。

★優しさゆえの功罪

あなたがバリバリのキャリアウーマンで、全社あげての一大プロジェクトの重要な一員だとします。いよいよ、運命のプレゼンテーションの日がきました。普段より、気合いを入れて支度をし、いざ出陣。すると、駅に向かういつもの道で、目の前を歩いている年配の女性が、突然、倒れ込んでしまいました。

さあ、あなたはどうしますか。決戦の日なので見て見ぬ振り？　それとも放っておけず、女性のそばに駆け寄り、救急車を手配し、病院へと付きそうでしょうか。

実際のあなたは、勇気がなくて声をかけられないかもしれませんし、迷っているうちに、他の人が駆け寄るかもしれません。でも、根本的にあなたは、断然、後者のタイプなのです。結果あなたは大幅な遅刻をして、仕事に大きな穴をあけてしまうかもしれません。見て見ぬ振りしろとはいいませんが、近くの人をつかまえて、女性を託すということだってできたのに……。世の中には、そう考える人の方が多いでしょう。

結局、あなたの善意あふれる行動は、上司や同僚にとっては理解に苦しむものになってしまいます。あなたのトラブルは、あなたの優しさが招く行き違いによって起こりがちなのです。

一体なぜこのような不本意な展開になるのでしょうか。それはひとえに、あなたの豊かすぎるイマジネーションによるものです。相手の辛さ、苦しさを、我が身のことのように瞬時にイメージしてしまう。

「外国で夢をかなえたいから渡航費を貸して」と言われたら断るけれど、「親の入院費が払えないから」と言われたら、貸すのは当たり前、そう思っていませんか。でも世の中には、「夢をかなえるためなら貸してあげたいけれど、親の入院費だったら私にではなく、まず親戚を回るべき」と考える人もいるのです。

「かわいそう」という反応は、良く悪くもあなたにとって、キーワードです。世の中には、同情心につけ込む人がたくさんいます。あなたは、つい同情してしまう優しい性質を、借金問題（もちろんあなたは貸す方です）や詐欺の被害といったネガティヴなことに使いたいですか。それとも、ボランティアやヒーリング、アートの世界など、ポジティヴな事柄で発揮するか、どちらを選びますか。

★陶酔できる世界はありますか

魚座は、12星座中、もっともアーティストを輩出する星座として知られていますが、豊かな感受性や天性のリズム感は、言い替えれば、現実の世界ではあまり役に立たないものかもしれません。

芸術的、神秘的、幻想的なものに惹かれる傾向もありますが、こうした活動へのモチベーションは、有名になりたいからでも、お金儲けのためでも、目立ちたいからでもありません。自分が創り上げたイメージの世界に漂いたい、酔いしれていたい。つまり、芸術活動や神秘世界に浸る時間そのものが、あなたの喜びになるのです。ですから、あなたが夢中になっている活動に対して世間からの評価が低いものであっても、あなたはきっと落ち込みはしないでしょう。

音楽や詩作、絵画、ダンスをはじめとする芸術的分野、あるいはアロマテラピーやヒーリングといった神秘的分野など、シックスセンスを生かした仕事や生きがいに出会えた人は幸せといえます。

「何か仕事につながるものを」などと焦らずに、まずは趣味としてスタートさせる。それだけでも、第六感を鈍らせていたあなたの日常生活は、ゆっくりと輝きを放ち始めるでしょう。

★「地上のカレンダー」を持つ

ロマンを注ぎ込む対象を持たないロマンチストは、過剰な飲酒やギャンブル、浮気や不倫、詐欺の被害などに関わりやすいというのもありがちな話です。

そこまで極端でなかったとしても、ムードに流されやすいため、深酒で仕事に支障を来したり、異性からの猛烈なアプローチを断りきれずに付き合ってしまい、泥沼の局面に陥ったり。また、美談に弱く、他人にすぐ同情して騙《だま》される……。これら魚座のダークサイドは、人からものを頼まれたら断れない、優しくてデリケートな性格ゆえ。

私は信じる。いつも何かを信じていたいという気持ち。だからこそ、その信じる対象が危険なものであっては困るのです。現実と無意識の世界の境界線が非常に曖昧《あいまい》になりやすいので、自分が置かれている状況や、目前の人物に対する客観的なチェック機能を持つことは、非常に重要です。

もし、今、恋に仕事に満足できなくても、夢見ることをやめないで。夢見ることは、あなたの人生の原動力です。大事なことは、漠然とした思いを抱えたままにしておくのではなく、地上のカレンダーをシビアに見つめ、実現のためのスケジュールを立てることなのです。そして確実な一歩を踏みだしてください。

column

35歳までのラッキーワードは、“Thank You!”

ついている人には、ハッピーな偶然が、次々起きます。

「あの人のことを考えてたら、ちょうど電話がかかってきた」

「知人から紹介された人が、私の元ボスの友人で、超盛り上がった」

「大事なクライアントの会社に、可愛がっていた後輩がいた」

でも、ちょっと待って。一見偶然に思えるこうした出来事も、実はそこに関係する人の「愛」や「好意」なしではありえないことに、気づいていますか。

「上司とケンカして辞めてやった！」という人には、前述の「知人から紹介された人が、私の元ボスの友人で、超盛り上がった」という偶然は生まれません。学生時代にいじめた後輩がクライアントだったところで、意味はないどころかマイナスです。ハッピーな偶然には、必ず愛がある。嫌悪の感情は、どんな出会いも意味をなくしてしまいます。

一度は愛し合ったけど、裏切られ憎んで別れてしまった恋人も、本当に大事な人と出会うための別れだったと考えてみる。イヤな上司や先輩に「キミはこの仕事に向いてない」と言われ、傷ついた。でもだからこそ、自分の仕事のダメっぷりが自覚できて、今、適職につけたのかもしれません。

人間関係は、鏡のようなものです。あなたが、「気づかせてくれてありがとう」と思ったとき、相手もあなたとの出会いに、意味を感じることでしょう。だから、次につながるし、ハッピーな偶然が起こるのです。

この「偶然とハッピー」の関係は、あなたがライフ・テーマを獲得していくときに、大きな助けとなるはずです。

35歳からは火星のパワーで、
愛も仕事も手に入れる

火星星座が教える
サクセス・ロード

公私にわたって30代は大忙し。パワー不足ではやっていられない

太陽星座が、あなたにとっての「ライフ・テーマ」を示すこと、そして、それを獲得しやすい年代が、20代後半から30代半ばにかけてであることは、前章でご紹介しました。

さて、30代半ば以降、次なるステップは、何でしょうか。

太陽星座が示すライフ・テーマから「なりたい私」をイメージできたなら、それに向けて迷うことなく突き進みましょう。35歳からのあなたに必要なのは、「パワー」です。そして、約10年間にわたってその推進役を果たすのが、パワーの星「火星」なのです。

「パワー・ジェネレーション」の幕開けです。

さて、ここで改めて、「火星」とはどんな性質の星なのか、西洋占星術が定義するキーワードを並べてみます。

「情熱、勇敢、大胆、行動力、生命力、積極性、闘争心、衝突、ケンカ、競争……」

たおやかで優雅な大人の女性というイメージには、ほど遠い言葉のように感じます。

それもそのはず。かつて、西洋占星術において「太陽」と「火星」は、いずれも男性のための天体と定義されていました。「太陽」は意志を表し、「火星」は行動するパワー。このふたつの星から

連想されるのは、自己主張し（太陽）、生存競争にうち勝っていく（火星）、熱い男のイメージです。西洋占星術では、仕事や社会性に関係する天体としても定義されています。

★結婚したら「人生上がり！」ではない

一方、女性のための天体と定義されているのが、「月」と「金星」です。

あなたというチームを構成する10個の天体には、それぞれ役割があると説明しました。伝統的な占星術では、恋とおしゃれを担当する「金星」で女を磨き、恋をし、20代で結婚したら、「月」で家事・出産・子育てという結婚生活を営む。これが、女性の典型的パターンとされていました。つまり、結婚して専業主婦になった女性には、「太陽」と「火星」の使い道がないため、パートナーに委ねる。

男性は太陽系の中心である太陽のごとく大黒柱として存在し、女性は太陽の光を受けて輝く月、というわけです。つまり、「太陽」と「火星」は、平和で暖かい家庭を運営するのを良しとする専業主婦にとって、使い勝手のよくない天体とされていたのです。「女房は、亭主のいうことを聞いてればいい」というひと昔前の夫婦観です。それが、女性のホロスコープにおいて、「太陽」は理想の夫を表し、「火星」は理想の恋人を表す所以《ゆえん》です。

ですが、今や、女性が仕事を持つことは、当たり前の時代となりました。キャリアにプライドを持つ女性は、シングルであれば当然、良きパートナーとも巡り合いたいと思っています。

子育てに専念している既婚女性にしても、今の時代、社会からずーっと離れて生きていく人は少ないでしょう。私がコンサルテーションを始めたころには「結婚したら仕事を辞めたい」と口にする女性が多くいましたが、今の女性は「結婚後も働く」を前提にしている人がほとんどです。フルタイムの仕事に従事しなくても、パートタイム、あるいはボランティアや地域の活動など、社会とは何らかの接点を持つはずです。結婚して専業主婦になれれば人生上がり！と考える女性はむしろ希でしょう。

★火星は、自分強化のエキスパート

女性にとって、キャリアアップとパートナー探し、ふたつとも、重要な関心事です。そして結婚すれば、何だかんだと家事の負担も増える。さらに出産すれば、目の回るような忙しさです。医学の進歩により、出産も高齢化し、40代から子育てをする人もますます増えるでしょう。母性だけで、この忙しさをこなすことなど不可能です。

オフィシャルもプライベートも充実させたい、何もかも手放さず、「私」をやっていこうとするなら、しなやかな強さがなければやっていけません。

だからこそ、35歳からの「パワー・ジェネレーション」で、いかにパワーの星「火星」を使っていくかが、30代、40代をハッピーに過ごすポイントとなるのです。

「反省しても後悔はしない」、ネガティブよりポジティブに使う

例えば、恋人の仕事に口出しをして大ゲンカ。もともと仕事のできるあなたに、彼はいじけ気味でした。そこへもってきてのケンカだっただけに、こじれにこじれた結果、思わぬ別離となってしまいました。「あのときよけいなことを言わなければ、今頃結婚していたのに……」といつまでも、別れた恋人のことが忘れられない。

あるいは、密かに関心を寄せていたプロジェクトがいよいよ始動することに決定。これまでのキャリアから考えて、当然自分が有力候補と思っていたところ、恐れを知らぬ新人社員が上司へ直談判。プロジェクトへの熱意を強く語って、なんと異例の大抜擢となりました。「あのとき私が先に上司にアピールしていたら、今頃あの仕事をしていたのは私だったのに……」生き生きと働く後輩を見るにつけ、うらやましさとくやしさが入り交じり、仕事に身が入らない。

「あのとき、○○していたら……」。こうした明らかな後悔ではなくても、いつも同じところをグルグルしている人は、まだまだいます。

妻帯者とばかり恋愛する人、キャリアアップを目前にして人間関係のトラブルから勢いで退社し、

新たな就職先で一からやり直す人、やりたいことはあるのに、自分に自信がなくて、一歩を踏み出せない人、あるいは未だに合コンや夜遊びなど享楽的な日々を送っている人、さらに、「本当は美大に行きたかったのに親に反対されたから」と、10代のころに遡《さかのぼ》って嘆く人もいます。

★反省はOK、でも後悔はNG

若いころと違って、同じ過ちを繰り返すのは時間の無駄です。そのためにも、反省はとても大事。でも、クヨクヨばかりの後悔はNGです。

というのも、30代半ばからの10年間を担当する「火星」は、勢いが取り柄の天体です。立ち止まるのは大の苦手。変わらない日々、後悔ばかりの日々が続くと、「火星」のあり余るエネルギーの行き場はなくなってしまいます。

火星とは「エネルギー、情熱、勇気、意欲」などポジティブなエネルギーを示す一方で、「闘争、戦争、アクシデント、破壊、性急」といったネガティブな意味も持ち合わせます。

つまり、良くも悪くも自分を奮い立たせる情熱の炎のような役割です。その炎で何を燃やすのか、仕事、恋愛、結婚生活、出産・子育て、趣味……、何であれ、情熱をそそぐ対象があれば良いのですが、ない場合は、どうなるでしょう。

10個の天体は、「あなた」というチームを構成するメンバーです。そのうちのひとりが、暴れたくってウズウズしている、そんな図を思い浮かべてください。あなたという本体が応えてくれなければ、「火星」のイライラはいっそう募ります。「火星」は、いじけたり、おとなしくしている星ではありません。もともと軍神・マースですから、いつだって戦闘態勢にあります。あり余るパワーをコントロールできないと、心にくすぶった炎が、あちらこちらでトラブルやハプニングという形で発火します。

大事な30代で、危険な恋や無駄な転職、親友とのケンカなど、無用な脇道にそれないためにも、正しい情熱の燃やし方を、確認をしておいていただきたいのです。

★短所を長所に変える

これまで、あなたが周囲から欠点として指摘されてきたことは、何ですか？

「せっかちで、行き当たりばったり」

「頑固で融通がきかない」

「八方美人で誰にでもいい顔をしすぎ」

人それぞれ、いろいろあるでしょう。

「あなた」という〝チーム〟において、25歳までの「ドリーム・ジェネレーション」では、楽しいこと大好き、夢見る「金星」が幅をきかせてきました。続く35歳までの「サンシャイン・ジェネレーション」で、チームリーダーである「太陽」が人生のテーマをしっかとつかみます。そして45歳までの「パワー・ジェネレーション」では、この「火星」のパワーを使って、「太陽」の目的を推進する。それが、西洋占星術の叡智《えいち》を使ったハッピー・セオリーです。

ですがこの「火星」、35歳を機に突然、人生の表舞台に上がってくるわけではありません。もともと「火星」は、エネルギー過剰な星。若いころの「火星」は暴れ馬のようなもの。乗りこなす人のレベルが低ければ、ただの短所にすぎません。

それでも、これまで「また、やっちゃった！」「どうして私って」とあなたの落ち込みの原因を作ってきた悪癖は、「火星」の正しい情熱の燃やし方を覚えることで、解消されるでしょう。35歳からの10年間は、そういう時期なのです。

「せっかちで、行き当たりばったり」を「勇気があって、行動的」に。
「頑固で融通がきかない」は「意志が強く、スタイルがある」へ。
「八方美人で誰にでもいい顔をしすぎ」は「社交性があって、エレガント」に。
「そうは言っても、何にパワーを燃やしていいかわからない……」という人は、30代、40代でもなお、ロデオに乗って振り回されるような状態が続くかもしれません。自分に自信がなくなったときは、ぜひライフ・テーマの再確認を。太陽星座が示すライフ・テーマは一生ものですから、何度でも立ち戻ることをおすすめします。

世代別パワーの使い方

高校生のころ、モテモテ&イケイケだった女友だちが、クラブ通いやブランド漁りなど、典型的女子大生ライフを送った後、20代半ばで内科医と結婚し、クリニックを開業した夫ともに地方へ転居。ここまでは、彼女の望んだとおりの玉の輿《こし》ストーリーでした。ところがその後会う度に、体重は着実に増加し、口をついて出る言葉は、「あー、私ももっと都心に住んでいたら」「田舎は本当に退屈」。彼女は、医者をつかまえたその時点で、運もパワーを使い果たしてしまったのでしょうか。かつて美人度が高かっただけに、彼女の変貌《へんぼう》を見るにつけ、「人って、こんなに変わるのか」と驚きます。

一方、反対の例もあります。学生時代には特別目立つ存在ではなかった同級生が、20代半ばで新卒入社した保険会社の仕事を辞めて、もともと好きだった芝居の世界に足を踏み入れました。はじめは制作のお手伝いから。すると、あれよあれよという間に、劇団を一手に仕切る敏腕マネージャーに……。取り立てて、ファッション・センスがいいわけでもなく、スタイルがいいわけでもない。なのに、何だかピカッと輝いています。

あなたも「あの人がなぜ?」そう思ったことがあるでしょう。

★「変身！」のナゾをとくと……

パッとしなかった高校の同級生がファッション誌の読者モデルとして登場していたとか、20年ぶりに再会した憧れの先輩が、弛《ゆる》んだ肉体にグチばかりの荒《すさ》んだ状態になっていた……などなど、当時想像だにしなかった「突然の変貌」。

私は、占星家としてホロスコープを読み解いていくうち、リアルに納得がいき始めました。

要するに、人はだれもが15歳、25歳、35歳、45歳のころに、星の転換期を迎えているということ。この「惑星の年齢域」の変わり目をスムーズに乗り越えられると、次の転換期までは、いい感じで生きていけそう。つまり、どんな30代、40代を過ごすかは、ホロスコープに表れている次なるテーマをいかに意識するか、このあたりを押さえているかどうかで随分変わってくるということ、そう今ならわかります。

自分のホロスコープが示唆《しさ》する、それぞれの年代における天体の意味を知ることは、人生の転換期に向けて、最良の準備を整えられるということでもあります。20代後半からは、太陽星座が示すライフ・テーマにしっかり取り組み、30代半ばからは、火星星座のテーマを意識する。40代半ばからは、木星星座のテーマを掲げていく……。これで、自分の人生の波を上手くつかまえることができるようになるのです。

自分だけのサクセス・ロードをパワフルに進む

「太陽」が、あなたという人間を司《つかさど》るチームのリーダーであるとしたら、「火星」は、そのリーダーが手にする強力な〝武器〟のようなもの。何が自分の武器になるかは、「生まれたときに火星が位置していた星座」（本書では「火星星座」と表現します）を読むことでわかります。

例えば、愛をつかむ！　という目的に向かうとき。合コンではどうも自分をアピールできないけど、メールなら気持ちがうまく伝えられる人というもいるでしょう。「メール」に変わるキーワードは、趣味の集まりだったり、お見合い、年下、料理、旅先……など、あなたの火星星座によって変わります。恋人探しの王道のように思われている合コンに行かずとも、愛をつかむなら、それぞれに適した方法があるということです。

自分がやりたいことはわかっているけれど、仕事を辞める決断ができない、家族の反対や世間体が気になって、一歩を踏み出せない。そういう人も、「太陽」の照らす方向へ、「火星」という武器を手にして進めば、自信をもって人生のサクセス・ロードを進めるのです。

あなたの武器は何か。星座ごとにご紹介しましょう。

◆あなたの火星星座は、巻末（P.157）の早見表でご確認ください。

火星星座が

牡羊座

「勇気」を武器に幸せを勝ちとる

★自分リセットの大チャンス

火星は牡羊座の守護星です。つまり、牡羊座に火星を持つあなたは12星座一、火星のエネルギーを活用しやすいのです。ただし、この「積極性」が過剰に働くと、暴走も招きやすいでしょう。

まずはプラス面から。

転職、結婚、独立、留学など、人生の岐路で迫られる、「どっち?」の決断。30代を迎えれば、たいていの人は「今さら」「大人だから」とリスクを恐れます。ところが、現状キープにさほど意味を感じないのが、牡羊座。特に30代半ばからのあなたは、自分でも驚くほどの思いきりの良さを発揮するでしょう。終わってしまった恋をいつまでも引きずったり、「いつかいいことがあるから」と退屈な職場で我慢しながら働き続けるのは、おすすめできません。これまで優柔不断で大胆な決断が下せなかったという人は、自分リセットの大チャンス。さまざまな局面で、「勇気」があなたをバックアップしてくれます。どんどん挑戦していきましょう。

★一匹狼になるか、リーダーシップを発揮するか

12星座の始まりである牡羊座は、トップバッターゆえ過去をお手本にしたり、常識や経験を当てにはしません。ですから、大人の女性としての落ち着きを期待するほうが難しいでしょう。

ヨーイ・ドン! のホイッスルが鳴る前に飛び出してしまう、そんな勢いに、周囲からは「ついていけない」と思われることも。

短気、せっかち、負けず嫌い。以前より自己主張が激しくなるので、気に入らないことには強く反応しがちです。いっそ一匹狼になるか、あるいは独裁的なリーダーシップを発揮するか、いずれかに徹した方が、軋轢《あつれき》は少ないでしょう。

★心の老廃物を除去して

「自分自身を強く打ち出したい」という熱い思い。この情熱の炎をどう燃やすか。「燃焼」こそが、あなたに与えられた最大の課題です。

目標が定まったらエネルギーを一気に燃やして、目を見

張るほどのスタートダッシュを披露する。このように「燃焼」は、あなたの人生を推進する大きなパワーとなりますが、あくまで正しい決断をすればこそのメリットです。

「何もすることがない」「なぜかイライラする」というときは、心の中でチロチロと炎がくすぶっているとき。マンネリを嫌ってキャリアを投げ出したり、短い恋愛を繰り返したりと、後先考えずに行動することも多々あるでしょう。そして、不完全燃焼はケンカや口論、ヒステリーの原因にもなります。牡羊座特有の暴走行為やドロップアウトを防ぐためにも、情熱の炎は正しく燃やして。

スポーツで無駄なエネルギーを燃焼し、心の老廃物を除去するのもいいでしょう。「私は、そんなに単純じゃない！」という人もいるでしょうが、単純でいいじゃないですか。小さなことにくよくよしない、そのカラッとした性質もまた、あなたの魅力なのです。

新しいことにチャレンジし続けることで、あなたのサクセス・ロードは、突然開けるのです。30代半ばからは、新しいことに飛びついてはまた次へと、スタートダッシュを繰り返すという、実にハードな時代に入るので、忙しいスケジュールに負けない肉体をつくることも重要です。フィジカル面でもタフな女を目指してください。

▼ここが落とし穴

私！　私！　に、周囲はあきれ顔

ミーティングや会話中、気がつくと「私が思うに……」と自分の意見ばかりを押し通していませんか。あるいは、興味のない話題には、あからさまにつまらなそうな態度をとっている。あなたの自己主張の強さは、周囲にバレバレです。

世の中は、自分ひとりの力で渡ることはできません。いざ、人生の大一番というときに、サポートがゼロの状態にならないよう、協調性に欠けるところはしっかり自覚しておいて。とりわけ、太陽星座も牡羊座という人は、ご注意ください。日頃から、主語を「私」から「私たち」に変えてみるよう意識するといいでしょう。

健康面では病気よりケガが心配。ウィークポイントは、目です。パソコンなどで目を酷使する人は、アイケアに気を配ってください。

◆あなたの火星星座は、巻末（P.157）の早見表でご確認ください。

♉

火星星座が

牡牛座

「美意識」を武器に人生の質を高める

★マイブームがきっかけになる

牡牛座に火星を持つあなたは、30代半ばころから、美意識が高まります。ただ、その美意識とは、「誰から見ても美しい」ものではなく、「私にとって美しい」という視点からの美意識であることが特徴です。

例えば、これまで流行を追いかけていたあなたが、シンプルな白いシャツにこだわり始めたとします。はたから見ればどれも似たようなものでも、あなたにすれば、素材や微妙なデザインの違いをTPOによって着分けたり、なかなか楽しい。そして、スタイルがシンプルな分、アクセサリーには凝って、ピアスやネックレス、チョーカーを次から次へと買い込む……。

ファッションだけでなく生活全般にわたって、こうした「マイブーム」の傾向が強まるということです。

そもそも牡牛座は、ひとつのものにじっくり取り組む星座。ですから、30代半ばからは美意識に従って五感をしっかり磨くことが、40代、50代を豊かなものにするのです。

「ずーっと続けているピアノのことだ」「お菓子づくりにもっと頑張れってことね」「最近クリスタルが気になっている」などなど、ピンとくるものがある人は、この時期、ちょっと集中して取り組んでみてください。それがない人は、五感が喜ぶ趣味を持つこと。味覚なら、料理教室に通う、ワインや野菜のソムリエを目指す。嗅覚なら、アロマテラピーや香水コレクション。音楽、アート、絵画、陶芸、マッサージ……。まずは、気軽に趣味として始めてください。

また、乙女座・山羊座同様、地の星座に属すので、大地に直接触れるガーデニングは、あなたのストレスを吸収してくれるでしょう。

牡牛座に火星を持つ女性は、「趣味をずーっと続けていたら仕事に発展した」というパターンが期待できる配置です。結果を焦らずゆっくり楽しんでください。

★「本物」にはお金がかかる

五感にこだわるあなたは、肌触りにも敏感。例えばセーターを買うとき、ウールとカシミアでは値段に差がありますが、感触は断然、カシミアがいい。いったん触り心地が気になり始めたら、ウールで我慢することができない。あなたにとって譲れないところです。

そして、カシミアのセーターを購入すれば、それに合わせて自ずとアクセサリーや靴など、ファッション全体のクオリティが求められる。これが牡牛座の特徴である本物志向、高級志向の始まりです。

同様に食べ物、食器、インテリア、AV機器など、あらゆるものがあなたの敏感な五感によって比較され、クオリティ優先で選ばれていく。当然のことながら、お金がかかります。生活のレベルを下げないためにも、あなたにとって仕事の報酬や、既婚者であれば夫の経済力は、とても重要なのです。

幸せに、収入の多少は関係ない！　残念ながら、それは牡牛座に火星を持つあなたにとって真実ではありません。結婚にせよ転職にせよ、経済不安をあおられそうな決断は、できるだけ避けること。また、貯めたお金をいかに増やしていくか、財テクに関するセミナーを受けるなどにも、積極的に取り組んでいくべきです。

五感を磨くにはお金がかかる、当然、収入能力は重要なポイント。あなたのサクセス・ロードの整備料は、案外高くつくことをお忘れなく。

▼ここが落とし穴

強い「信念」が裏目に出る

一見穏やかな印象、でも内面は非常に頑固。それが、牡牛座の特徴です。一度決めたら、とことん突き詰める。30代半ばからの約10年間は、「信念の人」の傾向が強まります。

それゆえ、「そろそろ見切りをつけたら……」と周囲が思う状況にあっても、つい頑張ってしまう。成就不可能な恋愛、限界が見えた企画や運営、諦めきれないのはわかるけれど、やるだけやったら、スパッとやめる。そんな潔さも時には必要です。ひとつのことに時間がかかるあなただからこそ、次のテーマに早く移って。とりわけ、太陽星座が牡牛座・蠍座の人は、ご注意ください。

また、ウィークポイントは、喉、首、肩。風邪にかかりやすいので、うがいの習慣を。首や肩の凝りも放置せず、ストレッチや鍼《はり》、マッサージなどで対処を。

◆あなたの火星星座は、巻末（P.157）の早見表でご確認ください。

♊

火星星座が 双子座

「収集術」を武器にチャンスを増やす

★高感度アンテナを活用する

双子座に火星を持つあなたは、「トレンド」への反応が抜群です。あなたの頭上には新品の高感度アンテナが設置されていると、イメージしてみてください。改めて周囲を見渡すと、世の中はニュースであふれかえっていることに気づくでしょう。30代半ばからは、このアンテナを有効利用する時期です。

今、世間で何が受けているか、改めて流行を意識してください。このとき大事なのは、面白い話や耳よりニュースをキャッチしたら、そのままにしないで、実際に自分で確かめること。

これまで比較的フットワークが悪かった人も、この時期は「トレンド」「情報」「フットワーク」が愛や仕事を獲得する強力な武器になるのです。人生のパートナーが現れず寂しい思いをしている人は、ぜひこの武器を利用してください。ネットや雑誌をチェックする、話題の店に足を運ぶ、メールを駆使するなど、機敏なアクションが出会いのチャンスにつながることも。忙しいあなたには、深夜営業の書店や快適なネット通信環境、長時間録画対応のハードディスクは不可欠です。

★情報が情報を連れてくる

友人とのランチで新作映画の話題がでたので、あなたは「面白そう」と早速出かけました。結果は思いのほか、期待はずれ。それより本編の前に紹介された予告編に惹かれて、翌月、別の友人と見に行くことに……。情報の発信や受信はこのエピソードに似ています。「予告編」というニュースは、好奇心から映画館に出かけたためにキャッチできたのですし、さらに別の映画に友人を誘うという、発信にもつながったのです。

10年はあっという間です。年を重ねるごとに、「1年」の体感スピードは速まります。興味があってもなかなか動かない、それがすっかり癖になっている人は、心して。「したい!」ではなく、思い立ったら「する!」。

行きたい国や街があるなら、短期間でも訪ねてみる。やってみたい習い事があるなら、すぐにでも無料体験を申し込む。公私にわたって忙しい年代ですが、「休みがとれたら」「子どもに手がかからなくなったら」と言っている間に、50代だってすぐそこです。スケジュールはできるだけ埋めること。そして、SNSは情報とネットワークづくりの宝庫。上手に利用しましょう。

　そして、何を実行するにせよ、いつものメンバーにいつもの場所という、マンネリ行動はNGです。待ち合わせ場所だって、ひとつのニュースです。

★情報を仕事や趣味に生かす

　突然、海外ドラマに盛り上がったり、年下のアイドルを追いかけ始める30代、40代の女性たちには、「いい年をして」と眉をひそめられるタイプと、「ホント若いよねえ」と好感を持たれる人がいます。双子座に火星を持つあなたは後者、胸を張ってトレンドを追いかけましょう。

　ただし、流行に強いのとミーハーは紙一重。「なぜ流《は》行《や》っているか」の分析力も欲しい年齢です。単なる「流行りもの好き」で片づけられないよう、自分がキャッチした情報は、仕事や趣味に生かしてください。

　多くの情報をさばくには、常に時代をチェックするシビアな視点が必要です。面倒くさいからいいや……と思ったとたん、あなたのサクセス・ロードは陰り始めるのです。

▼ここが落とし穴

よけいなひとことにカチン！


　トレンドに強いということは、世の中のあらゆる現象に対して反応の良さを表します。ですが、目移りしすぎると、トレンド、流行に振り回され、何事も浅く広くとなりかねません。後々「結局、時間の無駄だった」と後悔しないよう、習い事や趣味、レジャーなど、あれもこれも同時進行する際は、優先順位だけははっきり決めておきましょう。

　年齢に関わらず、おしゃべりな人が多い星座ですが、この時期は、やたらと口がすべります。相手にしゃべるスキを与えず、独りよがりな会話をしたり、よけいな一言で場の空気を壊すなど、口は災いの元、気をつけて。とりわけ、太陽星座が双子座・射手座の人はご注意ください。

　ウィークポイントは肺や呼吸器。空気清浄機の設置はもちろん、喫煙習慣のある人は、今すぐ禁煙を！

◆あなたの火星星座は、巻末（P.157）の早見表でご確認ください。

♋

火星星座が

蟹座

「ファミリー」を武器にみんなで幸せをつかむ

★身内への熱い思いが原動力

蟹座に火星を持つあなたは、「身内」に対して敏感に反応します。

例えば、昔の恋人から「相談があるんだけど、会えない？」と言われたら、「何か困っているのかしら」とふたつ返事をしてしまうのが、あなた。恋は終わっていても、一度は縁のあった人であれば、放っておけない身内のひとり、別れても友人関係が続くというパターンが多いのです。それは、まるでどんな子どもであろうと見捨てない母親のよう。絆《きずな》をとても大事にするのです。

お誕生会やクリスマスなど、家族のイベントが大好き。母親の愛情がもっぱら家族に対して強く働くように、自分の家族や仲間、つまり「ファミリー」には惜しみない愛情を注ぎます。ただし、過干渉気味なので、ケンカが勃発しやすい。縁を切る・切らないなどの大騒ぎも多そうです。

やる気やモチベーションは、「ファミリー」に直結していますから、血縁に関わらず、自分がどんなファミリーに囲まれているかが、成否や幸・不幸に直接左右するのです。

★結婚願望は素直に認めて

あなたの場合、「愛情を注ぐ相手はここからここまで」という線引きが非常にはっきりしています。愛情にテリトリーがあるのです。もちろん別格は、「家族」でしょう。

兄弟姉妹がバカにされると、猛然と文句をつける。家の中が暗ければ元気づけようと、旅行や食事会を企画して盛り上げる。30代半ば以降、その傾向はますます強まります。

ひとりじゃないという思いがあなたの人生に張り合いをもたらすので、家族と疎遠という人は、ぜひ、関係修復を。ケンカ別れしたかつての大親友についても同様です。

シングルの人には、ファミリーへの関心が高まる30代半ばから40代前半にかけての、結婚・出産、つまり巣作りをおすすめします。

パワフルでエネルギッシュな性質を持っている火星が「ファミリー」を求めているのですから、頑《かたく》なにひとりを押し通すと、イライラしたりカリカリしたり、ストレスが強まります。精神的に不安定なときは「寂しいんだ」と素直に認めてください。これまで「一生独身かも」と思っていた人は、突然の結婚願望に驚くかもしれませんが、肩肘を張らず、断り続けてきたお見合いや紹介などについても前向きに考えてみてください。

★プライベートを大切に

オフィシャルよりプライベートを優先するのが蟹座。すでに家庭を持っている人は家族第一に。単身赴任で家族が離れ離れという選択は、できれば避けたい。

また、そろそろ、親の老後についても気になる年齢になってきました。介護問題が肩にのしかかってきた時に慌てないよう、今から頭の隅に入れておいてください。

悪さした近所の子どもを怒鳴《どな》りつける、そんな頼もしさが、あなたの魅力です。ただ、外見までもがおばちゃんではいただけません。おしつけがましさを柔らげるためにも、フェミニンなファッションで女っぷりに気を使って。

あなたは、自分のことばかり考えるジコチュー女ではなく、ファミリーごと引き受ける愛あふれる女性です。あなたのサクセス・ロードは、一人で歩くには、道幅が広すぎるかもしれません。ファミリーとともに手に手を取って、賑やかに進みましょう。

▼ここが落とし穴

干渉を嫌う人は多いのです

世の中には、ウエットな関係を苦手とする人が大勢います。そのことを理屈ではわかっていても、あなたはついおせっかいしがち。「せっかく○○してあげたのに」と憤慨しても、誰も頼んでないのですから、よけいなお世話というものです。蟹座特有のおせっかいが過ぎて、周囲から疎《うと》んじられないように。

あなたには、慕ってくる仲間とつるみたがる傾向もありますが、それは、他の人から見れば、単なるえこひいきです。あなたの重要課題は、誰にでも公平に接すること。とりわけ、太陽星座も蟹座という人はご注意ください。

あなたのウィークポイントは、胃です。ストレスや暴飲暴食による胃炎、胃潰瘍《いかいよう》にはご注意を。婦人科系にも弱いので、婦人科検診は定期的に受診するよう心がけてください。

◆あなたの火星星座は、巻末（P.157）の早見表でご確認ください。

火星星座が 獅子座

「インパクト」を武器に自己表現する

★引っ込み思案は返上して

新しい仕事が立ち上がったと思ったら、突然、「君はプロジェクトの顔だ!」と上司に指名されたり、パーティの司会を頼まれたり、趣味の集まりの代表に選出されたり……。最近、何かと表舞台にひっぱりだされることが多くありませんか。

気がつくと、スポットライトを浴びるようなポジションに立たされている。あるいは、自らステージに上がる機会を増やしている。でも、これはあなたにとって、間違いなく、イケてるサインです。

30代半ばから、周囲はあなたを放っておきません。目立つのが嫌いだった人も、引っ込み思案は早々に返上して。尻込みしていると、チャンスは年々減っていきます。

早くからこの獅子座・火星の影響が出ていた人は、注目されるのが大好きな女のコだったでしょう。学生時代には超ミニの制服や、校則違反を恐れぬヘアスタイルやメイクで、先生ににらまれる。20代になってからは、ユニークなファッションで街の視線を集めたり。

「自分ではいいと思っているのね」という陰口が聞こえてきそうな、ギリギリの線にいた人も多いでしょう。でも、なぜかあなたは自信満々だったはず。根拠のないその「うぬぼれ」を、これからは目立つためだけでなく、自分らしい人生をつかむために活用する時期にきているのです。

★私は女王様、特別な存在

働く女性ならこの時期、成功への野心が強く現れます。キャリアアップのための努力は惜しまないで。ただし、プライドが高く、権力志向も強い。そのくせフットワークはイマイチなので、あちらこちらへの売り込みは苦手。できれば周りに持ち上げてもらうことを望んでいませんか。推挙されるのを待っているだけでは、あっという間に40代、50代になってしまいます。獅子座は「女王様」の星座。「私は特別な存在なのだ」と意識し、堂々とアクションを起こしましょう。

また、この時期、特におすすめなのが芸能&スポーツ。「ステージの感動」や「スタジアムの感動」は、まさにあなたの火星パワーをストレートに発揮できる分野です。

映画、演劇、ダンス、音楽、そしてスポーツなど、「パフォーマンス」関連に興味のある人は、年齢を気にせず、チャレンジしてください。趣味としてはもちろん、スタッフとして参加しても楽しめるでしょう。

ワーキングマザーや専業主婦は、なかなか自分のための時間がとれず、不完全燃焼気味かもしれません。無理をしてでも、自分の時間を確保すること。「日曜日の午後は、私の時間！」と決めて、家事は夫に任せる。そして、一歩外に出たら全部忘れて、独身気分で趣味を満喫しましょう。

★花道を歩くために

獅子座とはそもそも、ステージの真ん中で華やかなスポットライトを浴びてこそ輝く星座。ですから、ファッションへの気合いは重要です。地味なたたずまいではオーディエンスの注意をひけません。これまでシンプルで機能性重視のファッションが多かったという人は、ぜひ発想を転換してください。大勢でいても、そこだけ花が咲いたように明るく、際だつ存在感を目指しましょう。とりわけ、フォーマルやパーティ用の服には、お金を惜しまないこと。

あなたのサクセス・ロードは、まるで歌舞伎の花道のよう。視線に負けずにパワフルに突き進みましょう。

▼ここが落とし穴

ひとり芝居は失笑のもと

注目されないと物足りなくて、わざと人目をひくようなことをしてしまうのは、あなたの困った癖です。ギャンブルのような独立・起業、無謀な留学、無計画な引っ越し、そして不倫をはじめとする危険な恋。成就させるには準備不足であったとしても、そこにステージがあれば、多少のリスクなどお構いなしに登ってしまうのです。

人生には、お芝居のように再演はありません。エキセントリック、トラブルメーカーといった、危ない女が巻き起こす、安っぽいメロドラマにならないよう、気をつけて。とりわけ、太陽星座も獅子座の人は、ご注意ください。

また、見栄っ張りなので、疲れていてもおくびにも出さず、つい無理をする癖があります。健康に自信のある人も、年に一回の健康診断を習慣づけましょう。

◆あなたの火星星座は、巻末（P.157）の早見表でご確認ください。

火星星座が

乙女座

「インテリジェンス」を武器に成功の種まきをする

★頭が冴《さ》え、見通しがつく

乙女座に火星を持つあなたは、30代半ばごろから、今まで以上に細やかな気配りが利《き》くようになります。

オフィシャルでは、不備のないよう書類を揃える、何日も前からプレゼンの準備をする、疲れている人に栄養ドリンクを差し入れる。プライベートでは、家族やパートナーの健康管理、あるいは体重管理（!）をする。既婚者なら姑や親戚関係へのお付き合いなどなど、ひとつひとつを手抜かりなく、高い完成度でこなしていくでしょう。

乙女座は知性と教養にあふれ、実務能力や整理能力に優れる星座。段取りやスケジュール管理は得意技です。特にこの傾向は、30代半ばから強まるので、キャリア志向の人にとっても、家事・子育てに追われるプライベート重視派にとっても、山積みの雑務を着々とこなしていけそうです。

時間に余裕のある人はアフター5や週末を利用して、通信講座で資格を取るなど、将来を見据えた地道な努力をしましょう。頭の冴《さ》えるこの時期を有効に使ってください。

何かと忙しい毎日でしょうが、やりたいことがあるなら、手帳とにらめっこを。「今月はここまで」「年内にはこれをやり遂げる」など、細かい目標設定をすることで、着実にこなしていけるでしょう。

このように、実務に長《た》けたあなたですが、大胆な決断やインパクトのある行動を起こすのは苦手。例えば企画書を書くとなると、「いかに枚数を用意するか」に気を取られるあまり、一番伝えたい言葉を紙面に埋もれさせてしまう。コンパクトな表現のほうが効果的だったかもしれないのに、「いつもどおりに」と無難に仕上げてしまうのです。ファッションにしても同じ、そつのなさゆえに印象に残りにくかったりします。

あなたはもう十分キャリアを積んでいます。習慣や既成の枠に縛られず、自分流のアレンジで個性を打ち出しましょう。あなたが常軌を逸することはまずありませんから、自信を持って、判断してください。

★人より、自分がどう思うか

乙女座の人は、自分のアクションに見返りを求める癖があります。ギブ＆テイクの精神からですが、見返りは、物やお金に限りません。

「私のやり方が気に入らなかったのかな」「かえって迷惑だったかな」と見え透いたお世辞は嫌いだけれど、相手の反応がイマイチだと、気になる。評価されていないようだと、くよくよする。ニーズに応えた証として、「ありがとう」「助かった」、そんな言葉を強要したくなるのです。

大切なのは、「人がどう思うか」ではなく、「自分がどうしたいか」。人の評価ばかり気にしていると、ストレスがたまります。そんなときはもう一度、太陽星座が示すライフ・テーマに立ち戻って、本来自分がやるべきことを再確認しましょう。

分析力があるからこそ、あなたの現状は改善されていくのですが、生活の細かい部分にまでNGを出していると、不満だらけの人生になってしまいます。イライラする、落ち着かない気分が続くというときは、グリーンへの水やりやペットの世話など、優先すべき日課をつくる。それが日々のリセット効果を高めます。

あなたには、サクセス・ロードを歩むためのスケジュールが見えているはずです。周りの反応に右往左往せず、自分のたてたスケジュール通りにパワフルに進みましょう。

▼ここが落とし穴

健康も度を超すと、不健康？

乙女座に火星を持つ人は「健康」へのこだわりが強く、健康オタクになる傾向もあります。サプリメント偏向、体に良いものを追求するあまり、生活を楽しむおおらかさに欠けがちです。そんなギスギスした態度に周囲はげんなり。「うるさいから誘うのやめよう」と、お声掛かりが減っては損というものです。適度が一番、神経過敏にならないこと。ときには、大枚を払ってでもエステサロンへ行ったり、カロリーオーバーを気にせず、グルメ三昧してみたり、ストイックな自分へのご褒美を。

特に太陽星座も乙女座の人はこの影響が強くでますのでご注意を。

ウィークポイントは、腸。神経性の下痢や便秘など、消化器系に影響が。食事は規則正しく、そして楽しく食べるよう心がけてください。

◆あなたの火星星座は、巻末（P.157）の早見表でご確認ください。

♎

火星星座が

天秤座

「コネクション」を武器に毎日を洗練させる

★「優雅」にはお金がかかる

天秤座に火星を持つあなたは、30代半ばから、おしゃれで洗練されたライフスタイルへのこだわりが強くなるでしょう。化粧品やエステなど、「美」に関するあらゆることがフォーカスされるので、お金はあればあるだけ出ていきます。しかも、あなたが目指すのは「セレブリティ」のイメージ。「パーティに同じ服は着て行けない」「お土産のケーキは、絶対○○の（もちろん、高級店！）」「ノーブランドよりは、有名ブランド」。プライドが高くなり、虚栄心が強まるので、お金がなくてもいいところを見せようと、ついない袖を振りがちです。

キャリアに自信があって、収入にも満足している人はいいでしょう。でも、そうでない人にとって、「洗練されたライフスタイル」の実現は大問題です。

今の収入に満足できない、パートナーに経済能力がない、あるいは、パートナーがいない。だから、ランチはコンビニ、服が買えないからパーティに行かない、ヘアサロンやネイルサロンに行く回数を減らす……。こういう投げやりな毎日では、あなたの望むエレガント・ライフは実現しないどころか、あなたをくすませ、ツキも落とします。

それにはどうするか。天秤座は「結婚」をシンボルとする星座なので、つい「結婚」で問題解決したくなるでしょうが、大事なことは、「結婚相手」という他力本願ではなく、あなた自身が自分を磨く努力をすることです。

お金がなくても、華やかな世界に触れるチャンスはいくらでもあります。ファッションショーや展示会、美に触れるなら、美術館やギャラリーをのぞく。お茶するのもホテルのラウンジでなど、「優雅」を満喫する工夫をしてみてください。美しい場所に身を置くことが恋の底上げにもつながります。

★人との関わりが道を開く

天秤座は、パートナーシップや結婚、社交など、対人関係にも関する星座。良くも悪くも、この時期のキーワードは「人」です。人見知りの傾向が強かった人も、他人の意見など無視して突っ走ってきたという人も、30代半ばからは人との関わりが大きな意味を持つようになります。

仕事や恋愛、結婚生活について悩んだり、壁にぶつかったら、とにかくたくさんの人に相談する。ただし、あなたを無条件に愛し、肩を持つ特定の誰かではなく、さまざまな立場の人の意見を聞いてみることです。

そこには、目を覚ますようなアドバイスや斬新なアイデアが必ずあるでしょうし、就職先や恋人を紹介してもらうといった、実利的な話が訪れる可能性も高いのです。

ですから、小さなオフィスでの事務職や、フリーランスの仕事、子育てだけで終わる毎日など、人がいない環境に身を置いていたら、この時期、対人関係にエネルギーを注ぐ火星の性質を発揮できません。

また、ひとり暮らしをやめて実家にUターンするのも考え直してください。あなたは都会が似合う女なのです。

多くの人と出会うのですから、仏頂面《ぶっちょうづら》をしてはいられません。思わずつられて微笑んでしまう、そんな笑顔を絶やさない女性でいましょう。

あなたのサクセス・ロードは、華やかなブティックが建ち並ぶ、都会の目抜き通りのよう。道行く人が振り返るような身のこなしと洗練されたファッションを維持するには、美意識だけでなく財力もまた重要ポイントです。

▼ここが落とし穴

楽なほうへと流されがち

贅沢な生活を望みながらも、「額に汗してあくせく働くのはご勘弁を」というのが、天秤座に火星を持つ人の落とし穴です。一番頑張り時の30代にこの傾向が強まると、楽なほうへ、楽しいほうへと、流されてしまいます。正真正銘のセレブならいざ知らず、やるべきことをやらずにいて、40代、50代で楽できるほどの収入が確保できるでしょうか。人生80年、老後マネーも心配です。

あなたの贅沢好きは一過性の熱病ではありません。一度上げた生活レベルを下げるなんて、屈辱以外の何物でもないでしょう。「楽」するにも努力は必要なのです。とりわけ、太陽星座が天秤座の人は、ご注意を。

ウィークポイントは、腎臓です。疲れると代謝が悪くなるので、半身浴やゲルマニウム温浴などで、汗をたっぷり流しましょう。

◆あなたの火星星座は、巻末（P.157）の早見表でご確認ください。

♏

火星星座が

蠍座

「情念」を武器に唯一無二の道を貫く

★ひとつのことしか見えない

蠍座は、愛とエロスの星座。この人と決めた人にすべてを捧げ、一生愛し続ける、一途《いちず》な女性のイメージです。あらゆる行動のベースとなるのが、このディープな情念です。

まだ人生の目標が定まらない若いころ、この火星のエネルギーは、怒りや破壊衝動、頑固な態度などに表れやすく、とても使いづらいものでした。ですが、30代半ばを迎えるころから、何かに突き動かされるように、ひとつのことに集中するでしょう。その対象は、「人」かもしれないし、「物」かもしれません。

いずれにせよ、今まで幅広い趣味を持ち、たくさんの友達と賑やかに過ごしてきたという人は、世界がぐっと狭まったように感じて、とまどいを覚えるでしょう。

★唯一無二の出会いを求めて

対象が「人」という場合。あなたがシングルであれば恋愛に、既婚者ならパートナー、あるいは子どもに、熱い思いを注ぎ込む。変わったところでは、芸能人の「追っかけ」という形で表れる人もいるでしょう。

問題は対象となる相手がいないというケース。ありあまる情念を注ぐ場所がない。そういうときに、人をうらやまないこと。ひがんだり、いじけたりする態度は、見た目にはっきりわかるほど強烈です。「最近、怖いよね」と周りはひき気味。人と親しくなるどころか、どんどん遠ざけそう。「人は人、自分は自分」と気にしないようにしてください。

また、情熱を注ぐ対象が、人以外というケースもあるでしょう。

今、人生に張り合いがないという人は、40代半ばまでの間に、きっと夢中になれる何かと出会えるはずです。キーワードをあげてみます。

ダイビング、ボクササイズなど格闘技系スポーツ、占いやクリスタルなどスピリチュアルな世界。ミステリー、ホラー、官能を題材にした小説や映画、鍼灸、ランジェリー、香水やワイン……。この中にドキッとするものがあったら、ちょっと足を踏み入れてみませんか。

他の「何かを探したい」、そんなときは、過去の出来事を思い返してみることをおすすめします。日記やアルバムをめくると、そこには、忙しさに紛れて忘れていた大事な何かがきっと発見できるでしょう。

★完全リセットもありうる

蠍座に火星があると、転職や離婚など、「破壊と再生」という意味合いが強く現れます。階段を一段一段上がりながら人生を切り開くというより、一度これまでの自分をすべて手放してゼロから出直す。マイナーチェンジではなくて、人生のフルモデルチェンジといった感があります。

自分を取り巻く環境をすべて変えてしまう大胆な決断力が、あなたには潜んでいるのです。その瞬間、パートナーや家族は、決してあなたを止めることはできません。かなりはた迷惑なところがありますが、そこまでの状態は、あなたにとっては、案外至福ともいえるでしょう。家族のいる人は、家庭を壊すリスクを十分頭に入れておくこと。

あなたのサクセス・ロードは、まるで先の見えぬ洞窟のように、深く深く続いています。10年かけて、ゆっくり突き進んでください。足もとを照らすランプは、あなたの情念というオイルで燃やされるのです。時代や周囲に惑わされずパワフルに進みましょう。

▼ここが落とし穴
一途《いちず》さがアダになる場合も

あなたにとって最も空《むな》しい展開が、振り向いてくれない対象にこだわり続けること。無理だとわかっていても、気持ちは、止められない。辛い。だからといって、代わりとなる別の人を安易に求めないこと。寂しさから他の愛に走っても、「やっぱりこの人ではない」と、恋愛の泥沼地獄に陥ってしまいます。

また、その一途さゆえ、せっかくの関係を嫉妬やストーカー的な行動で、ぶちこわす心配もあります。大事な人の太陽星座と火星星座もよく読んで、傾向を知ってください。とりわけ、太陽星座も蠍座の人は、ご注意を。

ウィークポイントは、子宮、卵巣、乳房など、婦人科系。生理痛の重い人も多いでしょう。30歳を過ぎたら、ガン検診は定期的に。信頼できるウィメンズ・クリニックを見つけることは大事です。

◆あなたの火星星座は、巻末（P.157）の早見表でご確認ください。

♐ 火星星座が射手座

「自由」を武器に広い世界を駆ける

★二面性と自由への希求

射手座の特徴は、星座のシンボルである賢者の誉《ほま》れ高きケイローン（半神半馬）の姿に端的に表れています。医術や数術、音楽などに高い能力を持つクレバーな上半身と、武術に長け、野山を駆け回る獣の下半身。その姿こそ、「理性と本能」「繊細と奔放」、異なるふたつの性質を持つ射手座の特徴なのです。

例えば、ランチタイムに友人と宗教と政治について語り合っていたかと思えば、夜は「オールでカラオケ！」と大はしゃぎ。知性派のあなたと享楽的志向のあなた。射手座に火星を持つあなたには、30代半ばを迎える頃から、こうした傾向が強く現れるのです。

これまでどちらかというと、人見知り、あるいはあまり外に出かけるのは好きじゃなかったという人も、新たな友だちが急に増え始めたり、それにともない行動半径もぐんと広がるでしょう。

★言い訳は、もういらない

もちろんあなたは、これまでにも、いろいろなものに興味を持ってきたことと思います。ですが、必ずしも、すべてにチャレンジできたわけではありません。

時間がなくて、打ち込めなかった趣味への思い、決断できずにいた転職や独立、資格取得のための勉強。あるいは、すでに準備万端整っているのに、単に家族の説得に二の足を踏んでいる人もいるでしょう。

「もう少し収入があれば」
「もうちょっと若ければ」
「親（夫）に、反対されなければ」

問題は、お金でも年齢でも周囲のせいでもありません。あなたに勇気が足りなかっただけ。ですが、30代を迎えた頃から、あなたは、これまでが嘘のように、行動力を発揮できるのです。

★「学び」への高い意識が人生を豊かにする

また、もうひとつの特徴が「海外」への思い。

射手座は、束縛から放たれ、自由を求める星座です。文化や環境の異なるたくさんの人と交流し、議論し、相互理解を高めます。新鮮な刺激を手っ取り早くもらえるのが、「海外」というわけです。

この時期、留学や長期ステイへの憧れが膨らむでしょう。もちろん、射手座スピリッツさえ失わなければ、必ずしも「海外」にこだわる必要はありません。

例えば、興味をひいたセミナーや講座、ワークショップなどを手当たり次第、受講する。世の中には、学びの場がたくさんあります。受けたい講座が見つからないなどと、あなたを退屈させることは決してありません。ただし、気をつけてほしいのが、熱しやすく冷めやすい点。

この10年間にいかに見聞を広めるかは、あなたにとって重要なテーマ。ですが、結局何も身につかないまま、中途半端に終わっては困ります。いかに「専門性」をもたらすか、それもまた大事なポイントです。

この時期、あなたを刺激する知的な会話はとても重要。マンネリでグチばかりの交友関係には距離をおくこともときには必要でしょう。

あなたのサクセス・ロードは、まるでエアターミナルの廊下のよう。さまざまな人が、大きな声で語り合いながら歩いています。人いきれに負けることなく、軽やかに突き進みましょう。

▼ここが落とし穴

人生にはお金も必要です

あなたは、どちらかというと、精神性重視。金銭や物質的なものへの執着は薄いでしょう。「人生はお金じゃない」という考え方は素敵だし、いつまでも若々しく楽天的なのは結構ですが、老後は誰にでも訪れます。仕事を辞める、海外に行く、学校に通い始める、そんなリセットを繰り返していると、ある日、通帳を見てお先真っ暗……なんてことにも。「享楽的」気分に身を任せないよう注意して。

また、ノリがいいので、契約に関するサインアップはくれぐれも慎重に。とりわけ、太陽星座も射手座の人はご注意ください。

飲んだり食べたりが好きな人も多いのですが、運動量を減らすと体重は増加の一途をたどります。食生活を変えないなら、運動量を増やすべし。アルコールも20代のころより、少しペースを落として。

◆あなたの火星星座は、巻末（P.157）の早見表でご確認ください。

火星星座が

山羊座

「時間」を武器に人生を完走する

★結果は後から付いてくる

山羊座は、母性本能が特徴の蟹座の真反対に位置し、父性を象徴する星座と称されます。一方の蟹座は家を守り、対極にある山羊座は社会へ出る。「お母さんはおうち、お父さんは外でお仕事」という図式です。

山羊座に火星を持つあなたは、30代半ばを過ぎるころから、「社会」を強く意識するようになります。

自分の行動を、家の中や地域の小さなコミュニティではなく、社会で評価されたい！　と望むのです。その気持ちの表れが、あなたを仕事へと駆り立て、地位や名誉、肩書きなどへのこだわりを生みます。

世の中には人生のピークを20代で迎える人もいるでしょうが、あなたの人生はまだまだ右肩上がり。というのも、山羊座を支配するクロノスは「時の神」として知られています。あなたには「時間」という味方がついているのです。

30代、40代のこの時期、山羊座に火星を持つ人は、今が仕事の伸び盛り。やればやっただけの結果がついてくるはず。これまで、遊ぶことに夢中で仕事に気合いを入れなかったという人も、頑張り時といえます。頑張ったぶん確実に結果を出せることが、あなたの強みなのです。

仕事の充実が人生全般に自信をもたらしますので30代前半はキャリアアップに集中して、その後出産というプランも大いにありそう。

★「細く長く」の成功論

趣味や道楽にはあまり興味がないのも、あなたに遊び心がないからではなく、何に対しても目に見える具体的な評価が伴わなければ深い満足感を覚えないからです。

この時期は、たとえ子育てに専念している人も、「社会とつながりたい」という意識がいっそう高まるでしょう。その焦燥感は、もしかすると、あなたにストレスをもたらすかもしれません。

今すぐ仕事に復帰するのは無理だとしても、資格取得のための通信講座などを調べて受講するなど、来るべき時のための準備をしておくといいでしょう。

40代を前にして、あるいは子育てから離れたとき、突然、「これから私は何を生きがいにすればいいの？」と不安に陥る人は世の中に大勢います。でも、自分の意志をコントロールし、目的に向かう堅実さを持つあなたなら、今から先を見据えた動きができるでしょう。

趣味も仕事も、細く長く続けること。あなたにとって、ウサギとカメの話は、けっしておとぎ話ではないのです。

★完走を目指すならペース配分も考えて

ビジネスセンスがあって、有能なあなたを世間は放っておいてはくれません。仕事をしていなくてもＰＴＡの大事な役職を任されるなど、人をまとめるポジションに立たされるでしょう。

また、「和」は、ぜひ覚えておきたいこの時期のキーワード。何かに挑戦したいな、と思ったら、茶道、あるいは着付けを習って、和装そのものを趣味にするのもよさそう。そのほか、相撲や歌舞伎、能、文楽など、伝統文化を通じて日本人としての誇りを探しに出かけましょう。

「和」にこだわらずとも、時が経っても風化することのない趣味は、あなたに大いなる喜びをもたらすでしょう。

あなたのサクセス・ロードは、まるでマラソンコースのように長く続きます。ペース配分を考えながら完走を目指しましょう。

▼ここが落とし穴
家族への目くばりを

視線が外に向いていますから、家族をないがしろにしがちです。シングルの人は、そろそろ年齢的に弱ってくる親のケアにも目を配って。「私は、こんなにも一生懸命働いている！」そんなアピールばかりでは、親は体調不良や老後の不安を訴えることもできません。

ワーキング・ミセスは、夫や子どもに目配りを。弱音を吐かないあなただから、問題があっても我慢する。その態度に、家族が遠慮してしまうこともあるのです。外に出たらシャキッとした人なのに、家の中は荒れ放題では困ります。とりわけ、太陽星座も山羊座の人は、ご注意を。

基本的に丈夫な人が多く、あえて挙げるとウィークポイントは、骨。冷えによる関節炎、腰痛が心配なので、膝掛けやレッグウォーマー、ウエストウォーマーなどで体を温めて。

◆あなたの火星星座は、巻末（P.157）の早見表でご確認ください。

火星星座が
水瓶座

「ボーダーレス」を武器に理想を追い求める

★古い価値観にさようなら

「水瓶座の時代」という言葉を耳にしたことがあるでしょうか。

今、世界は「水瓶座の時代」に入ったと言われています。キリストの誕生とともに始まった約2000年にわたる「魚座の時代」が終わり、「自由・革新・理想」を意味する「水瓶座の時代」を私たちは生きているのです。

きっとあなたは「なぜ?」と思われることでしょう。

水瓶座のキーワードは「I solve～(私は～を解明する)」、水瓶座の火星を持つあなたなら、不思議を解明したいのは当然のこと。地球の歳差運動など、紙面の都合上、ここでは説明しきれませんが、興味のある方は、ぜひインターネットで調べてみてください。

「水瓶座の時代」とは、簡単に言うと、「古い価値観から解き放たれて、博愛と平和という理想の実現に向かう時代」ということ。

そのためには、常識やセオリーにとらわれないオリジナリティあふれる発想と、世間に迎合しない革新性が必要とされます。水瓶座に火星を持つあなたは、30代半ばから、こうした水瓶座の特徴が顕著に現れるでしょう。

これまで、仕事はこうあるべき、家庭はこうあるべき、あるいは女性とは……といった既成概念に縛られていた人は、憑《つ》き物がおちたように、自由に行動できるようになるはず。

★あなたらしさは「枠」の外に

水瓶座は自由博愛の精神が特徴ですから、「ワ・タ・シ・!」という自己主張は強くありません。「自分は特別」という意識はないのですが、不本意ながらも、なぜか変人扱いされやすい。それは自由であることにこだわり、常識に縛られずに、気ままに行動することで、周囲からどうしても浮いてしまうからです。

世の中、とりわけ日本は、まだまだ世間という枠からはみ出している人を、放っておくほど、自由ではありません。自己主張をしないわりに、その行動は十分、目立ってしまうというわけです。あなたの理想を実現したいなら、思う通りに生きられる自分の環境づくりが重要です。

マイペースで動ける仕事や、フリーランスいう自由でいられる立場につく。それとも、仕事は淡々とこなしておいて、趣味の世界を確立するのもいいでしょう。集中して精力的に働き、貯めたお金で、内外を問わず旅に出る。あるいは、働きながら、旅をする。そんな生き方もあなたらしい選択です。

★自分を信じて境界線の向こうへ

ところで、あなたはインターネットを活用していますか。「水瓶座の時代」とは、ネットやＳＮＳによるネットワークの時代でもあります。国境を越えて、瞬時に世界のどこにでもアクセスできるようになりました。ＩＴ革命は、まさにボーダーレスな水瓶座を象徴する現象です。閉塞感《へいそくかん》を持ったら、ネットをフル活用して、境界線突破の道を模索しましょう。

あなたは、宇宙をいく飛行船に乗ろうとしているようなもの。そこには、道案内はいませんし、サクセス・ロードというセオリーすらありません。前例を作るのはあなたです。常識にとらわれず、オリジナリティあふれる人生を突き進んでください。

▼ここが落とし穴

説明不足が誤解や孤立を招く

あなたの過激な革新性は、しばしば世間との対立を生みます。例えば、仕事のやり方がおかしいと思ったら、言わずにはいられない。パートナーとの家事分担の不平等にむかつく。誰にも迷惑をかけてないのに、「足並みを揃えてもらえないと困る」といった注文も、あなたを腹立たせるものでしょう。

こうした憤りを、「どうせわかってもらえないから、いいや」とひねくれてしまうと、あなたは偏屈扱いされ、孤立の一途をたどることに。きちんと説明すれば、あなたの考えに同調する人も多いはず。自分の世界に閉じこもらないように。とりわけ、太陽星座も水瓶座の人は、ご注意ください。

ウィークポイントは、自律神経です。ストレスや不眠、食事内容に気をつけ、規則正しい生活を心がけてください。

◆あなたの火星星座は、巻末（P.157）の早見表でご確認ください。

火星星座が
魚座
「第六感」を武器に魂を磨く

★自分の中で何かが目覚める

占い、お好きですか。きっと大好きでしょう。そして、もし今、「あなたの運気をあげるクリスタルやエッセンシャルオイル」が、手が届く範囲の値段で目の前にあったら、迷わず買ってしまうのでは？　それが、良くも悪くも魚座に火星を持つ人の特徴です。

30代半ば以降、占い、スピリチュアル、自己啓発セミナーやワークショップ、あるいは宗教などへの関心はますます強くなるでしょう。こういった世界に無条件に反応するあなたには、目にみえない世界に通ずる豊かな想像力があると同時に、悪徳商法にひっかかったり、高額なお布施の要求にこたえてしまう危うさもあるのです。

この時期は特に、自分にそういう傾向があることを自覚していただきたいのです。「そんなこと、普通はありえないでしょ」と疑ってかかることが、心のブレーキとなるのです。

★精神世界で水を得た魚になる

魚座は12星座のラストバッターです。いわば、最後の「エッジ」が魚座のポジション。「無意識」や「魂」を象徴します。現実と非現実のはざまが、魚座に火星を持つあなたの活動エリアなのです。ですから、まずあなたは、時間、場所、お金、規則、そういった現実のルールや常識に縛られずにアクションを起こせる場を持つことがとても大事です。1＋1イコール必ずしも2ではない、そんな数字では割り切れない世界観を持ってみることをおすすめします。いかに眼に見えない世界に触れられるかです。

水の星座ですから、南の島でのヴァカンスや、プール、スパ、温泉などで過ごすのは大好きでしょう。時間や仕事に追われる毎日には、人一倍ストレスを感じやすいので、水辺で過ごすひとときのイメージを日常に取り込んでみてください。

もちろん、近所のプールで「おさかな」になったり、朝日とともに、公園で太極拳をする、お香の中での瞑想《めいそう》など、自分のヒーリング・タイムをみつけるのもいいでしょう。

また、数字や時間に追われた「魂」不在の生活を送っていると、つい現実逃避に走りがち。そんなときは、芸術、神秘、福祉など、シックスセンスを生かせる具体的な活動の場を得てください。あなたの危うさは、人もうらやむ才能となって輝き出すでしょう。

★現実にも向き合って

あなたは、現実問題が苦手ですから、トラブルを前にしたとき、何が問題になっているか把握する力が不足気味です。「かっこいい」「かわいそう」「いい感じ」といった、感覚的な言葉で何事も決めていくと、肝心なところで、ポカをします。

これまで、どちらかというと、仕事第一、あるいは物欲が強かったという人は、30代半ばになって、突然スコールにあたったように、自分の生活を見直すようになるかもしれません。お金や肩書きは、あなたの人生の中心に座る重要事項ではなくなるでしょう。

でも、現実をなげうってまで根拠なく行動すると、道を大きく踏み外しそう。まずは、週末や休日を利用するなど、少しずつ進むことをおすすめします。

あなたのサクセス・ロードには夜遊びや危険な恋、悪徳商法や詐欺、など、誘惑がいっぱい。自分を律する力を鍛えましょう。

▼ここが落とし穴

同情が足かせになることも

困っている人を放っておけないあなた。相談されたら最後、無視したり、断ったりできません。相談する側にしても、何もしてくれなさそうな人に助けを求めても無駄ですから、あなたを頼るのは当然です。入れ替わり立ち替わり現れる〝困ったちゃん〟を助けていたら、あっという間に50代……なんてことも、大いにありそうな話です。

人助けがあなたの生き甲斐だというのなら、福祉方面の仕事、あるいはボランティアの道を選ぶのもいいでしょう。そうでないなら、やるべきことの優先順位はしっかりつけて。

とりわけ、太陽星座も魚座の人は、ご注意ください。感染症にかかりやすいので、手洗いやうがいの習慣をつけて。また、薬物への依存も心配です。免疫力をあげて、薬に頼らない体をつくって。

◆あなたの火星星座は、巻末（P.157）の早見表でご確認ください。

column

“I'm sorry”は幸せを呼ぶラッキーワード

年を重ねるということは、本人の望む・望まないに関わらず、社会における存在感が増すことです。20代なら、どんなに息巻いて意見を言っても「まあキミはまだ若いから、分からないだろうけど」と軽くいなされるところが、キャリアとともに発言に影響力を持つようになります。ですから、何気なく上司の間違いを指摘しただけで、その場にいた全員がひいちゃったり、ちょっと強めのもの言いで、部下を泣かせたりといろいろあります。

この世代を支配する火星は、バイオレンスに関係すると言われる天体です。シンボルも「バイク」「ナイフ」「軍隊」など強烈な言葉が並びます。上手に「バイク」を乗りこなしている人、うまいこと「ナイフ」を使いこなしている人はいいでしょうが、下手な人であれば、周りはケガをします。

例えば誰かがあなたに相談を持ちかけたいと思っています。でもあなたは仕事に頭がいっぱいで「何よ、そんなことくらいで、私なんてね」と一蹴《いっしゅう》してしまう。相手は、傷つくことでしょう。あなた自身の年齢的な影響力に加え、火星の勢いがあなたをさらに闘争的にさせています。上司に楯突いたり、パートナーを叱責したり、知らず知らずのうちに言動がきつくなっていることを自覚してほしいのです。

「ごめんね。言い方きつくて」

「すみません。出過ぎたようようですが」

「強引で申し訳ありません」

この時期は、口に出して損のないこれらの言葉が習慣になるよう、いつも心の中の一番上の引き出しに入れておいてください。

火星星座を
キャリア・アップに活用する

30代、40代は、女性キャリアにいっそうの磨きをかけるとき。
シングルはもちろん、ディンクス、ワーキング・マザーも、
誰もが「社会」というステージで輝いていたい。
いかにやりがいのある仕事に出会うか、生きがいを見つけるか、
今のキャリアをどうブラッシュアップするかは大きな関心事。
もともと火星は、仕事に対して力を発揮しやすい天体です。
あなたのキャリアアップを火星星座が後押しします。

火星星座が

牡羊座

★未体験の仕事にチャレンジ

牡羊座に火星を持つあなたは、30代半ばから、体験したことのない職種に挑戦するかもしれません。内勤の事務職から外回りの販売職へ、あるいは、会社勤めからフリーランスへ。転職は大いにありえます。

以前なら二の足を踏んでしまった条件でも、その仕事に心躍るものを感じたなら、直観を信じてGO！　未知へのチャレンジが、あなたに大きな喜びを与えます。

仕事選びのチェックポイントは、「NEW」な職業であること。昨今ならIT関連をはじめとするベンチャービジネスが代表格。学歴やキャリア偏向ではなく、新しい意見をどんどん採用する環境でこそ、あなたは才能を十二分に発揮できます。

得意分野がないという人も、新規オープン、創業したばかりの会社など、「NEW」をキーワードに。

★既成概念にとらわれない

30代半ばになると、人に使われたくない、そんな傾向が強まります。キャリアやアイデアに自信がある人は、起業、独立、フリーランスへ一歩を踏み出すのもおすすめです。「雇用や仕事はこうあるべき」という既成概念にとらわれることなく、また、親からうるさく言われても我慢せずに「私の幸せ！」を振りかざして、戦いましょう。

派遣社員や契約社員、短期のバイトをしながら、自分に合った仕事を見つけるのもひとつの手です。まる一日オフィスから一歩も出ないような職場は、息が詰まるばかり。事務職にこだわってきた人は、一度頭を切り換えてみてはどうでしょう。

人間関係の煩わしさに辟易《へきえき》している人は、講師やインストラクター、プール監視員、ライフセーバーなど、上司や部下との関わりが少ない環境を選ぶといいでしょう。

また、牡羊座に火星を持つ女性は、ガテン系やちょっとリスキーな仕事だってOKです。自動車免許があるなら配送業やタクシーなど運転職もおすすめ。また、実際に体を使わなくても、スポーツ関連業界には注目を。

牡羊座は獅子座・射手座同様、情熱と直観が特徴の火の星座なので、陰気なオフィスや血縁中心の排他的な環境では、のびのび仕事ができません。テンションの低そうな顔ぶれや職場は遠慮しておきましょう。

火星星座が 牡牛座

★趣味を仕事にする

牡牛座に火星を持つ人は、好きなことに特別なこだわりがあります。趣味の分野で身を立てるのが、あなたの天職。ですが、経済的に不安定な状態に弱いので、フリーのアーティストになるなど、無謀な冒険は明日への不安が大きすぎて、耐えられないかもしれません。ひとり立ちは、周囲があなたの才能を放っておけないというレベルに達するまで、じっくり待ちましょう。

そこまで自信がない人も、30代半ばから五感が磨かれるので、できるだけ趣味の世界に近い就職先を選ぶこと。栄養士、調理師、パティシエ、ソムリエ、ベーカリー、料理学校のスタッフなど、食関連がまずはイチオシ。

ファッションに興味があるなら、アパレルまたはアクセサリー会社に勤務する。絵が好きならギャラリーや博物館に勤める。「好きだから」が、牡牛座の仕事選びの王道です。ただ、自己アピールが苦手なので、面接ではトークより技術を披露できれば、採用の話は早そうです。

もともと地球環境に関心が高いので、エコ関連に力を入れている企業か否かも重要です。造園、ガーデニングなど土に触れる仕事は、ストレス解消にもなる一石二鳥の仕事でしょう。

安定した仕事を望むなら、経済的センスを生かして、銀行や投資会社、ファイナンシャル・プランナーなど、金融・保険関連や、経理事務などにも適性があります。すでにその種の仕事に就いている人は、自信を持って続けてください。

乙女座・山羊座と同様、地の星座に属すため、地に足のついた仕事を望みます。経済的な安定や周囲の評価を気にするので、正規雇用にこだわりましょう。

★準備は早め早めに

あなたは、何事にもマイペースでスローテンポ。ですから、転職や独立を考えるときは、いきなり現在の職場を辞めずに、在職中から就職活動を始めることをおすすめします。辞めたけれど就職先がなかなか見つからない、貯金が底をつきそうだから仕事のレベルを落とそうか……。これは、あなたにありがちなパターン。最高のリスタートを切るためにも、事前の準備にはたっぷりの時間をかけてください。

♊

火星星座が

双子座

★動きのある仕事に方向転換

双子座に火星を持つあなたは、30代半ばから、俄然《がぜん》、フットワークがよくなります。デスクワークより外回り、接客などにやりがいを感じるでしょう。社内異動や再就職を考えるときは、事務職より営業や販売といった業種を指針にしてください。

就職先には、旅行・貿易関係など動きのある業界を。また、話したり書いたりする能力がフォーカスされるので、人前でしゃべるのが得意な人は結婚式やパーティの司会業に、文章力に自信のある人はライターや編集職に挑戦してみてはどうでしょう。携帯サイト、ネット・ビジネス、マスコミなど、情報産業にも適性があります。

パートなら、書店販売員、電話オペレーター、運転免許があれば配達業もおすすめです。

天秤座・水瓶座と同様、風の星座に属すので、風通しがよい職場環境は絶対条件です。採用試験で面接官の態度や口調に男尊女卑、旧態依然の空気を察知したら、こちらのほうからお断りしましょう。

★トレンド性にも注目して

「トレンド性」も、仕事を選ぶ際のポイントになります。喫茶店かカフェか、伝統かベンチャーか、銀行か保険業か、似たような業種の間で迷ったときは、どちらに先見の明《めい》がありそうかをチェックして。

企業内でのキャリアアップを目指すなら、若手とのコミュニケーションを欠かさずに。管理職ポストを狙って接待や根回しに奔走したり、「現場は卒業」と上から構えたりせずに、後輩と汗を流しましょう。

「○○さんと一緒だから、ここまでできた」、若手にそう言われるような仕事ぶりを心がけてください。

★サイドビジネスに注目

また、「マルチ」は双子座ならではの特徴です。いかがわしい商売のマルチではなく、「多くの、さまざまの」という意味でのマルチです。今、転職や独立を考えている人は、会社を辞めずに現状のまま、次のことをスタートさせる手も考えてください。同時にふたつ、三つを涼しい顔でこなせるのが、あなたの強み。異なる仕事の相乗効果を期待できるなど、サイドビジネスに強いのです。

♋ 火星星座が 蟹座

★ターゲットは「女性」

母性の蟹座に火星を持つあなたは30代半ばから、女性としての経験そのものをキャリアに生かせます。

仕事を選ぶ際の重要ポイントも、「女性」です。女性をターゲットにする職業は、この時期、あなたが最も実力を発揮できる分野。主婦が何を望んでいるか、どんな商品が売れるかなどに勘が働くのです。キッチンやリビングの設計・販売、インテリアコーディネーターなどは、イチオシの職業。また、家具店、日用品を扱うホームセンター、雑貨屋、デパートなどもおすすめです。

「食」関係の仕事なら、レストランや割烹、お弁当屋、お総菜店など。パートや短期の仕事としても、比較的見つけやすそうな業種です。

★住まうことへのこだわり

暮らしの細部にまで気が回るあなたは、ホテルや旅館などで能力をいかんなく発揮できそう。住環境に強いので、不動産業や宅地販売もおすすめです。変わったところでは、マンションの管理業務や寮母などにもやりがいを感じるでしょう。

また、母性を生かせる看護や福祉の分野もぴったり。介護施設、産院、乳児院や保育園、ソーシャルワーカーにホームヘルパー、ケアマネージャーなどは、一生の仕事になるかもしれません。

実家が商売をしていて後継者がいない場合は、思いきってあなたが家業を継いでもいいでしょう。

「今は子どもに手がかかって働けない」という人は、家事のエキスパートとして誇りを持ってください。

もともと蟹座は主婦としての適性が12星座一。家事に徹底的に取り組むうちに、気づいたらカリスマ主婦になっていたりして。収納のエキスパートになっていた、料理や掃除、縫製の達人として注目を集めているなど、子育てが終了した頃に、仕事につながるかもしれません。あなたにとって「家庭」は可能性を育む場でもあるということです。

蠍座・魚座と同様、情愛を示す水の星座に属します。張りつめた空気の職場では、緊張して実力が出せません。和やかな雰囲気が、長続きのための最低条件です。転職の際は、知人からの紹介、親戚のコネなど、縁故関係に頼るのもおすすめです。

♌

火星星座が

獅子座

★スタッフに恵まれれば独立や起業もあり

獅子座に火星を持つあなたは、30代半ばから成功への意欲が高まります。難攻不落といわれる取引先や顧客にアタックして喝采を浴びる、ちょっとハードルの高いプロジェクトに手をあげるなど、かなり積極性がでてきます。

転職の際は、引き抜きや先輩・縁戚からのお声掛かりといった、「迎えられる」転職や、すでに相応のポジションが用意されていると、その気になりやすいでしょう。

また、良く言えばリーダーシップがある、言い方を変えれば、「人に命令されたくない」あなたには、独立や起業は、ぴったりです。信頼できる部下がいるなら、彼らを連れて会社を立ち上げるのもいいでしょう。持ち上げてくれる部下の存在によって、姉御肌のあなたは、いっそうやる気を起こすのです。いい部下に恵まれることは、とても大事。日頃から食事を奢《おご》ったり、差し入れをしたり、気を配っておきましょう。

仕事へのプライドを持ち、さらに上を目指して取り組んでください。

★仕事でもライトを浴びたい

常にスポットライトを浴びていたい、その思いを仕事にうまく生かしましょう。もともと、芸術・芸能、スポーツ関連に相性がいいのが獅子座の特徴です。演劇・コンサート・イベントなどの運営会社や芸能事務所でスタッフとして支える。また、スポーツ関連なら、機具メーカー、ジム、フィットネスクラブ、スポーツ・イベントの企画会社など、自ら運動せずとも、あなたはスポーツシーンにとてもフィットするのです。さらに、人が集まる華やかな場所、パーティやイベント関連、あるいはアミューズメント・パークなども、やりがいを感じるでしょう。

ただ、リストラや減棒など転職せざるを得ない状況は、あなたのプライドを傷つけ、人一倍ダメージを受けます。変わり身も遅いので、次のステップを踏み出すまでに時間がかかりそう。「うちの会社ダメかも」と思ったら、早めのアクションを。

牡羊座、射手座同様、情熱・直観が特徴の火の星座に属していますので、陰気なオフィスや血縁中心の排他的な環境では、のびのび仕事ができません。テンションが低いところは、やめておきましょう。

♍ 火星星座が

乙女座

★仕事選びはデスクワーク中心に

乙女座に火星を持つあなたは、30代半ばから、仕事に対してまじめに取り組むようになります。

もともと乙女座は、高い実務能力や整理能力が特徴の星座です。ですから、転職先や再就職先としては、マネージメント、秘書、数字を扱う経理業務、あるいは総務など事務職が向いていいます。とにかく、細かい作業をさせたら、12星座一。日々のノルマを予定通りにこなし、周囲の信頼を得るでしょう。

一方、機動力を要する外回りや、押しの強さで勝負の営業・販売職、収入や仕事量に波があるフリーランスやノルマ制の仕事は、繊細で神経過敏なあなたには、ちょっと辛いかもしれません。毎日決まった時間に始まり、定時に終わる。先の読めるスケジュールによって、あなたの精神状態は安定するのです。

★「健康」への関心を生かす

今から、医師や看護師を目指すのは、少々難しいとしても（もちろん、不可能とは言いませんが）、病院事務、薬品会社、医療機器、ドラッグストア勤務、ソーシャルワーカーなど健康に関わる仕事は、おすすめです。あるいは、オーガニック・カフェ、健康食品のお店なども、働く意欲が湧いてきそう。

さらに、「健康」を突き詰めていくと「地球の健康」、すなわちエコロジーに到達します。リサイクルや環境にこだわる企業かどうかも、大事なチェックポイントになるでしょう。

また、乙女座はユニフォームに関係する星座とも言われます。短期やパートの仕事であれば、ユニフォームがおしゃれかどうかもこだわりたいところです。

牡牛座・山羊座とともに、地の星座に属しますので、地に足のついた仕事を望みます。経済的な安定や周囲の評価が気になるので、正社員での雇用にこだわりましょう。

★「ヤバイ」はNG

仕事を選ぶ際の重要なチェックポイントは、「健全」です。わかりやすく言えば、ヤバイ仕事には近づかないこと。お金のためでもNG。潔癖性の傾向に加え、正義感にあふれるあなたには、おすすめできません。

♎ 火星星座が 天秤座

★職場環境を美しく整える

天秤座は、エレガントさを重んじる星座です。これからのあなたは、より洗練された職場で仕事したいと思うようになるでしょう。もし、今、グレーのスチール机が並び、トホホなカレンダーが飾ってあるような、ダサいオフィスで働いているなら、さぞかしストレスを感じていることでしょう。

30代半ばを迎えるころから、「自分の周辺は美しくあってほしい」という気持ちに拍車がかかります。友人に「自分の家じゃないし、そんなのどうでもいいじゃない」と言われても、嫌なものはイヤ。仕事のやりがいと給与によっては、会社を辞める動機に、十分なりうるのです。ですから、転職する際は、職場の雰囲気は、要チェックです。

★女性の「キレイ」を応援

天秤座は美に関連する星座だけに、ファッション、アクセサリー、コスメのメーカーや販売店をはじめ、美容師、メイクアップアーティスト、エステティシャン、各種ビューティコンサルタントなど、女性の「キレイ」をサポートする仕事が向いています。もちろん、そういう職種が、あなた自身のキレイをサポートすることはいうまでもありません。「美」つながりで、フラワーアレンジメント、フラワーショップ勤務もおすすめです。

また、社交的で華やかな雰囲気を持っていますので、ブライダル関連、パーティやイベントの企画会社など、ドレスアップを必要とする仕事では、天性のホステスぶりを発揮するでしょう。

双子座・水瓶座とともに、風の星座に属しますので、風通しがよい職場環境は絶対条件です。

★パートナーに恵まれる

もしあなたが、独立や起業を考えているのなら、周囲に最適なパートナーがいないか、見渡してください。人と協調し、その人の能力を上手に生かすことにあなたは特別な才能を発揮します。ですから、そんなあなたを見込んで、「一緒にやろう」と声をかけてくる人もいるでしょう。「苦より楽」傾向の強いあなたは成功への野心が強いわけではありませんので、こうしたお声掛かりをチャンスに、キャリアアップをはかってください。

♏ 火星星座が 蠍座

★やる気が信頼に結びつく

蠍座に火星を持つあなたは、30代半ばから、俄然《がぜん》、仕事へのやる気がみなぎってきます。

会社や上司から信頼の意を示されることで、よりいっそう気合いが入るでしょう。基本的には、徹夜などものともしないタフネスの持ち主です。ただし、同僚や部下にも、自分と同じ取り組み方を強要しないよう気をつけてください。あなたにとっては「当たり前」の取り組み方も、周囲の人にしてみれば「気合い入りすぎ。○○さんには、ついていけない」ものかもしれません。

もともと、誰とでも気軽に協調する社交的なタイプではないので、作業そのものは、ひとりで手がけたほうがはかどります。特に、調査や研究といった根性がものをいう仕事では、実力を発揮するでしょう。飛び込みの営業や大規模な店舗での販売など、初対面の人と話す機会の多い仕事は、選ばないほうが無難です。

蟹座・魚座とともに、情愛を示す水の星座に属します。ぴーんと張りつめた雰囲気の中では、緊張して実力が出せません。和やかな雰囲気の職場であることは、長続きのための最低条件です。転職の際は、知人からの紹介、親戚のコネなど、縁故関係に頼るのもおすすめです。

★チャンスは意外なところに潜んでいる

心機一転、転職を考えている人。仕事を選ぶ際のキーワードとして、ぜひ覚えておいていただきたいのが、「潜む」です。何やら怪しげな言葉でギョッとされるでしょうが、例えば、隠れた病を発見する医師、ツボをみつける鍼灸師やマッサージ、秘密を探る探偵、会員制のホテルやクラブ、物に潜む価値を見抜く各種鑑定士、心の奥底に解きほぐすヒーラーなどなど。

さらに、蠍座のキーワードである「死と再生」という意味から、葬祭業、ホスピス、殺人や医療ミスを専門とする弁護事務所、生命保険の調査員など、「死」に関する仕事において、特別の才能を発揮することでしょう。あなたは、悲しみや絶望の縁《ふち》に立つ人に、自然な振る舞いで寄り添えるのです。

実際、この時期は、生老病死にまつわる出来事を体験するなどして、あなたの仕事への関心も１８０度変わる可能性があるでしょう。

火星星座が 射手座

★転職のチャンス到来！

射手座に火星を持つあなたは、30代半ばから、やりたいこと、挑戦したいことへの思いが膨らみます。転職について、真剣に考えるときがくるでしょう。どんな仕事であれ、現在の職場に閉塞感《へいそくかん》を持っているなら、我慢し続けることはありません。

また、同じ作業の繰り返しや単調な仕事に甘んじている人は、とりわけ強い不満を感じているはず。デスクワークであっても、大勢の人間と接するチャンスが多い職場であったり、意見や企画の通りやすい職場環境であることは大事でしょう。

転職先や再就職先としては、フットワークに自信があるなら、旅行、貿易関係など、動きのある業界を選ぶのがおすすめ。知力に自信があるなら、マスコミや出版業界を視野に入れ、ライターや編集などに挑戦してみてはどうでしょう。例えば、現在事務職に就いている人も、PR誌やウェブサイト制作など、あるいは広報関連の部署に転属希望を出すのも手です。

また、射手座は「学び」に関する星座です。すでに何らかの資格を持っている人、あるいはこれから資格取得を考えている人は、「教える」ことを生業にしてみませんか。講師、教師、インストラクター、あるいは教える立場でなくても、事務職として生徒に関わる、塾や学校勤務なども向いているでしょう。教える側も日々の研鑽《けんさん》が必要なので、勉強好きのあなたには、一生学べる職業に就くことは、一石二鳥です。

★変幻自在な仕事ぶりで人生を楽しむのも手

何をやるにせよ、あなたが目指すのは、専門性の高いスペシャリスト。ですが、そこまで自分の能力に自信がないという人は、持ち前の旺盛な好奇心とフットワークを生かして、仕事を掛け持ちでこなすのもアイデアです。昼の顔と夜の顔、ウィークデイの顔と週末の顔が違う、変幻自在の仕事ぶりで、人生を何倍も楽しんでしまいましょう。

牡羊座・獅子座とともに、情熱・直観が特徴の火の星座に属していますので、陰気なオフィスや血縁中心の排他的な環境では、のびのび仕事ができません。やる気が期待されてないようなテンションが低い職場は、こちらからお断りしましょう。

火星星座が 山羊座

★「社会における自分」を意識

ビジネス、エリート、そんなキーワードが欠かせない山羊座。この山羊座に火星を持つあなたは、30代半ばから、仕事への意欲が高まります。これまで、プライベート重視で過ごしてきた人は、この時期は、「働く」こと、「社会における自分」を意識してください。

どんな仕事に就《つ》いているにせよ、「仕事の神様が後ろについてくれている」と自信を持ってください。バイトから正社員へ、あるいは、ヒラから役付きへなど、常に上のポストを目指すこと。あなたの地道な努力は、必ず周囲から認められるはずです。

牡牛座・乙女座とともに、地の星座に属しますので、地に足のついた仕事を望みます。経済的な安定や周囲の評価が気になるあなたは、正社員での雇用にこだわりましょう。

★時代の波とは別のところで

仕事を選ぶ際の重要なチェックポイントは、「普遍性」です。ビジネスエリートを目指す、あるいは教師や官公庁など、時代の波に翻弄されない仕事が基本です。

とりわけ、伝統文化との相性がいいので、アンティークショップ、古伊万里など和食器のお店、古物商の販売業や史跡、博物館、歴史館、記念館などでの事務や案内なども、あなたにぴったり。

現在仕事を持つ人で出産の予定がある人は、簡単に退職を決断せず、育児休暇や長期休職など会社のさまざまな制度を使って、籍を残すことを考えてください。「1年休んだら、もう元のポジションに戻れない」ですって？　いいじゃないですか。1年を3年で取り返したって。長い人生において、大した時間ではありません。

そのほか、山羊座の適職といえば、官公庁、不動産、弁護士、歯科医などお堅い職業が並びますが、例えば飲食業や芸能プロダクションといった軽いイメージの仕事であろうが、そこにたくさんの人がいる限り、必ず管理する人間は必要とされます。あなたは、人をまとめる立場、上に立つことを求められる人なのです。

そろそろ年齢的に管理職という人も増えてくるはず。あなたにポストが与えられるのは当然です。プレッシャーをはねのけ、男性社員の眼など気にせず、堂々と采配を振るってください。

火星星座が

水瓶座

★歯車の一部ではなく

水瓶座に火星を持つあなたは、30代半ばから、自由な環境で働くことを望むでしょう。

もともと、オリジナリティにあふれ、ユニークな発想の持ち主ですから、すでにグラフィックデザイナーやカメラマン、ゲーム制作など、クリエーターとして活躍する人も多いでしょう。また、そのアイデアを、企画開発、科学や研究の分野に生かしている人も、水瓶座の適職についているると言えます。

職種そのものが、あなた個人の能力によって成り立つものであればいいのですが、今の自分が企業の歯車の一部に過ぎないと感じている人は、何かとフラストレーションが溜《た》まりそう。上と下に挟まれる管理職という立場も独立精神旺盛のあなたには、なかなかフィットしないでしょう。この時期、一度は、転職を考えるかもしれません。

★グローバル感覚を生かす

転職先や再就職先としては、前述のような個人の能力を最大限生かせる職種か、あるいは反対に、NGOやNPOをはじめとする非常に公共性が高い職場か、いずれか極端な性質があるところに注目してください。

なかでもおすすめは、日々刻々と変化するコンピュータやメディア、通信の分野です。パートなど短期、あるいは短時間の仕事であっても、携帯電話やパソコンショップでの販売、ネットビジネス関連などに携わると、自分自身の知識欲も満足させられて、一石二鳥です。最新テクノロジーは、あなたにとっていい刺激を与えます。

また、グローバルな感覚を持っていますので、飛行場、航空会社、外資系の企業やエスニックレストランなど、外国人相手のお店やビジネスなど、国際色豊かな職場は、うってつけです。

大きな組織に勤務していれば、労働組合などに参加するかもしれません。その場合も、あなたは反対分子扱いされることを厭《いと》わないので、社員の理想とする環境づくりをめざして、水を得た魚のように、生き生きと働くでしょう。

双子座・天秤座とともに、風の星座に属しますので、風通しがよい職場環境は絶対条件です。面接の第一印象が大切なのはお互いさま。男尊女卑や組織の体質の古さを感じたら、こちらからお断りしましょう。

火星星座が

魚座

★お金は二の次だとしても

豊かなイマジネーション、優れた芸術性、リズム感などが、魚座の特徴です。すでにあなたは、絵画や陶芸などアート全般、あるいは、映像、ファッション関係、音楽、ダンスの分野などで才能を発揮しているかもしれません。お金のために仕事をするタイプではないので、売れる・売れないに関わらず、そして趣味に毛の生えた程度のレベルだとしても、好きな世界があるなら、続けることをおすすめします。

蟹座・蠍座とともに、情愛を示す水の星座に属します。どんな仕事にせよ、ぴーんと張りつめた雰囲気の中では、緊張して実力が出せないはず。和やかな雰囲気の職場であることは、長続きのための最低条件です。転職の際は、知人からの紹介、親戚のコネなど、縁故関係に頼るのもいいでしょう。

繊細で人のよいあなたは、ノルマの厳しい販売や営業職は向いていないかもしれません。ストレスが溜まってきついなら、転職を視野に入れるのもありだと思います。

★癒し系ビジネスで才能開花

デリケートで人の痛みに敏感なあなたは、誰かをケアする仕事もまたおすすめです。病院、福祉、介護施設勤務、ケアマネージャー、ヘルパー、ソーシャルワーカーなど、また、日常に疲れた人を癒す、リフレクソロジー、アロマテラピーやリンパマッサージなど、癒し系ビジネスも、魚座に火星を持つあなたならではのお仕事です。

癒し、救済に関する仕事は、すべてOK。もちろん、ボランティアなら今からでもすぐにできます。

ただし、既婚者は、仕事と家事、どちらも中途半端になりやすいので、その点はご注意を。子育て中の人は、ホームヘルパーやケアマネージャーの資格を取っておくなど、今から5年後、10年後を見据えて準備しておきましょう。

魚座の火星には、「耽溺症《たんできしょう》」といった傾向も強く現れます。水商売でも、人気を集めるでしょうが、くれぐれも飲み過ぎには注意して。陶酔と耽溺は紙一重。あなたのピュアな魂は、芸術、神秘、ヒーリング、福祉といった分野でこそ、大いに輝くのだと覚えていてください。また、こうした分野を仕事にすることは、他ならぬあなた自身の癒しにもなるのです。

column

“I’m Happy!”には、コツがある

『ぼくを探しに』という絵本があります。丸の一部がかけた「ぼく」が、かけらを探しに旅に出るというシンプルな絵とストーリー。シルヴァスタイン作・倉橋由美子訳の名作です。

この続編をご存じですか。『続ぼくを探しに――ビッグ・オーとの出会い』では、今度はかけらが主人公です。かけらが、自分にぴったりの相手を探して旅を始めますが、途中から現れたビッグ・オーがかけらに、ぴったりの相手を捜すのではなく、自分で回ってみることをすすめます。尖《とが》ったかけらは、自分自身でクルクル回るのは無理だと思うのですが、トッテンバッタンとやってるうちに段々角が取れて、まあるくなってきます。最後には、ビッグ・オーと並んでコロコロと進んでいきます。

自分の片割れを探すのではなく、自分自身がちゃんとまあるく存在すること。このストーリーは、まさに太陽星座が示す「ライフ・テーマ」の獲得によく似てます。

人と比べて足りないものを補うのではなく、自分自身の力で形づくっていく。ちょっと照れくさい言葉ですが「自己実現」って、そういうことだと思うのです。

そして、ちっちゃいけどまるくなった「ぼく」をもっと大きな丸にしていくのが、火星の役割といえるでしょう。

30代にもなれば、どんな人生もノープロブレムとはいきません。でも尖ったままでは、スムーズに回ることなど到底できない。ライフ・テーマを見つけて、その方角を向いたなら、とにかくトッテンバッタンといきましょう。尖った角が丸くなったら、きっと「アイム・ハッピー」。

火星星座で
ラブ・ライフを強化する

どんなに仕事でサクセスしたって、
やっぱり「愛」がなくっちゃ、満たされない。
でも「いつかきっと運命の人が……」などと、
悠長に構えている場合ではありません。
下の世代には、ライバルがたくさん育ってきています。
受け身でいては、恋の成就は遠のくばかり。
ラブライフを手に入れたいなら、火星のパワーで、
攻めて、攻めて、ラブ・ライフを勝ち取りましょう。

♈

火星星座が

牡羊座

★受け身のラブは願い下げ！

牡羊座に火星を持つあなたは、恋愛観も実に白黒はっきりしています。ふたりの男性の間で揺れ動いても、GOかKEEPか、あなたの決断はとてもシンプル。そもそもノリがいいので、「結婚」への決断はあなたを悩ませるものではないでしょう。

問題は、恋人募集中の場合です。しかも30歳を過ぎたあたりが、一番危険なお年頃。「そろそろ年齢的に結婚しなくちゃ」と常識にとらわれると、煮えきらない相手より、強引にアプローチしてくる男性を選んでしまいそう。でも、受け身の恋愛から結婚というプロセスで、あなたの情熱の炎は完全燃焼するでしょうか。火種を残した状態は結婚後に不審火になる可能性もあり、危険この上ありません。結婚への道も、攻めて攻めて、攻める。アグレッシヴに突き進みましょう。

出会いは、フィットネスクラブやスポーツのサークルなどが期待大。運動が苦手な人も、体力づくりのつもりででかけて。デートは「エネルギー発散」をキーワードに。スポーツイベント、格闘技、カーレース観戦などで、感動と興奮を共有して、愛を盛り上げましょう。

★恋の主導権を乱用しない

情熱の火の星座に属する牡羊座は、素早いアクションが特徴の星座です。スピードと素早いアクションで、ムリめの相手であろうが、彼女がいようが、諦めはしません。GOサインを出すのは理屈ではなく、インスピレーションのみ。「好き！」と思ったら「今！」伝えたい。玉砕も多いでしょうが、素直でストレートな感情表現が、大どんでん返しや大番狂わせなど意外なハッピーエンドをもたらしたりするのも事実です。

問題は、熱しやすく冷めやすいので、熱情をキープする能力に欠けること。恋のサクセスは、恋愛関係をスタートさせることではなく、付き合い始めた先にあるゴールであることをお忘れなく。

リーダーシップをとりたがるので、既婚・未婚を問わず、無意識のうちにパートナーを振り回しがちです。思いつきでパートナーの仕事に意見したり、自分の都合で相手に休みをとらせたり、後々ケンカや揉め事の原因とならないよう、ご注意を。

火星星座が

牡牛座

★信頼できる男性を選ぶ

牡牛座に火星を持つ人の頑固さは天下一品。30代に入ってからのあなたは、恋愛においても、どんどん頑《かたく》なになります。周囲の意見には、まず耳を貸しません。といっても、ミーハーでいい加減な男性は苦手。誠実な人を好むので、「浮気症か」「仕事はちゃんと続けていくか」は、かなりシビアにチェックするでしょう。恋人選びには自信があるはず。判断を誤るとしたら、年齢的な焦りが心配です。

★肉体的な相性も重視して

セックスもあなたにとっては重要テーマです。快・不快に敏感なので、ムードだけではなく、快感の深さを重視します。ですから、フィジカル面での相性はとても重要。相性未確認のままプロポーズを受けるという奥ゆかしい付き合いでは、後が心配です。大人ですし、この際やるべきことはやっておきましょう。

恋愛だけでなく、仕事、趣味、あらゆる面において、クオリティにこだわるのが牡牛座の特徴です。感覚の合う人となら、安定した関係を続けられるので、理想を下げてまで焦って恋愛をする必要もないのです。何の迷いもない状態を見極めて、交際をスタートさせましょう。

一度つかんだ相手は逃がしませんが、相手が自由を好むタイプなら、あなたの所有欲には、つい及び腰になるかもしれません。

★趣味が同じなら長続きしそう

美的感覚に優れるあなたは、パートナーの視覚的要素、つまりルックスを重視します。単なる顔や体型の良し悪しだけではなく、美意識の高い人を求めるのです。五感の相性も大事ですから、味覚音痴の男性は許せないはず。料理の繊細な味付け、アートやファッションに対する審美眼、コンサートの音質について語れるような、そんな成熟した感覚機能を持つ男性を好むでしょう。

パートナー選びのコツは、同じ趣味を持っていること。お稽古や趣味のサークルなどは、出会いの場としても有望です。職場で相手を探すのは、回り道かもしれません。

結婚生活においても、共通の趣味を持って、すれ違いを防いで。あなたはマイペースだけに、たとえパートナーと別行動になっても、自分のペースを譲りませんから。

♊ 火星星座が 双子座

★脱・恋愛サーフィン！

現在シングルの人は、決して恋愛経験が少なかったわけではないでしょう。むしろ若いころはどちらかというと発展家で、恋人はいたものの、なぜか結婚まで至らなかったというケースが多かったのでは。

複数のことを同時にこなせる双子座独特のマルチな性質は、恋愛においては、「決めきれない」という有り難くない性質となって現れます。そのため、今度こそ運命の人であることを期待して、次から次へと相手を変えてしまう。ネットサーフィンならぬ、恋愛サーフィンです。「パートナーは楽しい人！」という基準で選んできたくせに、30代後半を迎え、今さらながら、「楽しいだけじゃ決め手にかける」と悩んでしまうのです。

★安定志向での結婚には後悔

そういう恋愛を続けてきた反動から、この時期、突如、結婚願望が強まる人もいるでしょう。でも、「安心・穏やか」をキーワードにパートナーを選んでしまうと、会話のつまらなさや、ワンパターンのファッション・センス、マンネリなデートなどが、ストレスになりそうです。パートナー選びも「トレンド」をキーワードにして。

また、束縛には猛然と抵抗したくなるので、嫉妬深い男性とは長続きしません。女友だちと会うだけでもぐずぐずいうような相手とは、深みにはまる前に決別を。

★会話のセンスをチェック

迷ったときに、この恋が本物かどうか見極めるのは簡単です。昼間のカフェでデートを繰り返してみて。料理の力も、お酒の力も、映画やコンサートといったイベントの力も借りずに、おしゃべりしているだけで楽しい！　そんな時間がもてたら、その恋はきっと本物です。会話につまるようでは、結婚後の生活も黄信号、いえすでに赤信号です。相手のマンネリ行動や出不精は、あなたの力で変えられるかもしれませんが、会話のセンスは一生かかっても、どうにもなりませんから。

結婚後は、それでなくても家事に子育てにと忙しくなります。気づいたら、パートナーの上司の名前はもとより、最近彼が誰と飲んでいるのかもわからない、なんていうことにならないよう、おしゃべりの時間はたっぷりとって。

♋ 火星星座が 蟹座

★愛は身近に潜んでいる

火星星座が蟹座のあなたにとって恋愛とは、「家族のような深い絆《きずな》」を作ること。運命の出会いに「ビビビッ！」ときて、熟考することなく即結婚という展開には、縁がなさそうです。蟹座の愛はなじんだ環境から生まれるので、突然異邦人が入ってくるのをとても嫌います。嵐のように始まり、翻弄されまくるジェットコースター・ラブでは疲弊してしまう。20代のころ、ドラマな恋愛に憧れていた人は相手を間違えていたのです。

今、あなたが孤独感に溜め息をついているなら、改めてすぐ近くに目を向けてみてください。幼なじみ、同僚など、素敵な「ファミリー」の存在があるのに、外ばかりを見ていませんか。パートナー候補は案外近くにいるかもしれません。

母性本能が豊かで身内意識が強いので、一度受け入れた相手に対しては無条件に愛情を注ぎます。どんな子どもも見捨てない母親のように、ダメな男もなかなか見限ることはできません。相手に本命の彼女がいるとか妻子があるとか、人一倍気になるタイプなのに、友人から「別れた方がいい」と何度忠告されても相手から求められると断れない。泣いたりわめいたり、エキセントリックな行動の果てに「やっぱり、あの人には私がいなくちゃ」。

ですから、自分のテリトリーに相手を受け入れる前の、恋人選びの段階から、確かな目を持つことが重要なのです。不倫や二股愛には絶対に近づかないで。

★パートナーを甘やかさないこと

家庭的な蟹座の性質から、ホームパーティは意中の人を落とす有力な武器となるでしょう。ただ、巣作りにこだわりだす30代半ばからは、おうちデートやなじみの店に通うなどデートもワンパターンになりがち。相手が外出好きな場合、退屈な女だと思われるかも。新しいデート・スポットを開拓しましょう。

また世話を焼きすぎて居心地の良い環境を提供していると、パートナーを甘えん坊、依存体質に育ててしまいます。既婚者は特に注意して。家事の分担は、あなたばかりに偏っていませんか。自らやってあげておいて不平を言っても仕方ありません。手遅れになる前に、上手におだてて、家事のできる夫を育成しましょう。

火星星座が

獅子座

★恋はオーバーアクションで

獅子座は、陽気、大胆率直といった反面、プライドが高くわがまま、ジコチュー傾向も強いとされる星座です。この獅子座に火星を持つあなたは、まさに「女王様」。その傾向は、ますます強まるでしょう。

恋愛においても、安定志向とは無縁。スリリングでドラマティックな展開を求めるので、マンネリなデートや腐れ縁に甘んじたまま惰性で結婚なんてとんでもない。注目を集めれば集めるほど気分がいいのですから、平凡な展開は望みません。

街角の偶然の出会いに「ビビッ!」と運命を感じたり、衆目の中、恋人とド派手なケンカを起こしたり、一挙一動がオーバーアクション気味で、熱い、熱い、熱い。ただ、そのドラマ願望ゆえ、ときに自ら、浮気や不倫、愛の逃避行など、火中に飛び込むのは困りもの。ついつい、いわゆる遊び人タイプに惹かれてしまうのも、彼らがもつ非日常の「刺激」が、あなたをうっとりとさせるのです。

ですから、現在シングルの人は、すんなり結婚は決まらないかもしれないと自覚しているのではないでしょうか。すでに、優しくて物静かなパートナーを持つ人は、波風を立てすぎて逃げられないように気をつけてください。

★自分磨きを忘れずに

恋のパターンは、二通り。女友だちがうらやむような容姿、あるいは経歴、知名度を相手に求める。つまり、白馬に乗った自慢のパートナーというタイプ。ですが、年齢が進むにつれ、いい男は当然少なくなってきます。妻帯者との危険な恋にはご注意ください。

そして、もうひとつのパターンが、自身が女王として君臨するというもの。パートナーは、この世で一番熱心なあなたのファンという組み合わせです。あなたの華やかで、自信あふれる態度に、ついていきたいと思う男性は多いはず。狙い目は20代の怖いもの知らずの男性。年下は対象外と決めていた人も、ここらで、守備範囲を一気に広げちゃいましょう。

どちらにせよ、恋の駆け引きには、優越感を満足させてくれる称賛の言葉やゴージャスな演出が必要不可欠です。ヒロインとして特別扱いされたいなら、いつまでも、美しくあるよう、自分を磨くことも忘れずに。

♍ 火星星座が 乙女座

★知性や仕事ぶりは要チェック

乙女座に火星を持つ人は、知的志向が強く、勉強家が多いとされています。あなたにとって、パートナーのインテリジェンスは、重要なチェックポイントです。仕事ぶりはもちろん、知性ある会話、品性あるファッションは、パートナー選びの重要なポイントとなるでしょう。相手の仕事ぶりがダイレクトにわかる職場結婚は、まさに王道といえます。

当然、ルーズな男性は大嫌い。約束を守れない。先の予定が立てられない。整理能力がない男など、付き合うだけ時間の無駄かもしれません。

潔癖性で人の道に外れることができませんから、うっかり不倫なんてことになったら、傷つくのは目に見えています。案外、誰にも迷惑をかけないまま、「未婚の母」なんてことにもなりかねません。携帯電話にでないときがある、また自宅を教えないといった怪しい男は、早めに対象外にしておきましょう。

どちらかというと受け身で奥手なタイプが多いでしょうが、いったん関係がスタートすると、相手によってふたつのパターンに分かれます。

まず、亭主関白で「オレについてこい!」タイプを選んだ人。ついつい、目の前の人のニーズに応えてしまうあなただからこそ、役どころは貞淑な妻や、有能なアシスタントに収まりがち。自分の意見を伝える努力を怠ると、そのパターンから一生抜けられなくなりそうです。40代以降に反乱を起こさないためにも、ニーズに応えすぎないこと。

★文句と優しさのバランスを

また一方で、パートナーがあなたの言うことを聞く、優しいタイプだと、きれい好きで几帳面なあなただけに、「汚い」「ちゃんとして」とあれこれ文句をつけ始めるでしょう。あまり度が過ぎると、彼は息苦しさを感じて逃げ出してしまうかも。何事にもパーフェクトを求めてしまうので、知らず知らずのうちに、相手の肩を凝らせないよう気をつけて。

とりわけ、既婚者は、この傾向が強くでそう。「家に帰ると、うるさく言われるので帰りたくない」、それが男性の浮気の一歩だったりしますので、ひとつ文句を付けたらふたつ優しくする、そんな感覚で、付き合って。

♎ 火星星座が 天秤座

★連れて歩きたい自慢の彼を求めて

天秤座は「セレブ」を好む星座。連れて歩きたい自慢のパートナーが理想でしょう。首尾よく家柄の良いお坊ちゃまか、エリート・ビジネスマンを捕まえたなら、言うことなし。

社交性があって、誰からも好かれるので、意中の人を落とすなら、彼が信頼する友人や家族などに接近し、「彼女、感じいいねえ」と、外堀から埋めるのも良さそうです。

現在シングルという人は、エリート狙いのうちに、時が経ってしまったのではないでしょうか。というのも、あなたの洗練された笑顔と話術は、若いころから、大いに男性を魅了してきたと想像できるからです。恋愛経験が少なかったという人も、男性からのアプローチ自体は、多かったことでしょう。

★愛情の優先順位をつけるべし

パートナーを選ぶ際の最終チェックポイントは、彼には友人が多いか、そして、人とちゃんとお付き合いできているかどうか。あなたは波風を立てるのが大嫌いですから、飲食店やブティックで従業員の態度に文句つけたり、友人には荒っぽく上司にペコペコ、相手によって極端に態度が違う人には、ストレスが溜まり長続きしません。ひきこもり系はもちろんNGです。

また、30代半ばごろからは、およばれの機会が増えそう。既婚者やステディな彼がいる人は、あなたの社交性に彼がやきもちを焼くかもしれません。できるだけふたりで連れだって出かけましょう。ひとりで出かけた場合も、無意味な自慢話をしない。「だったらオレだって」と妙な対抗心を持たれる恐れあり。愛情の優先順位をいつも意識して、大好きな人にだけ示す、特別の態度や仕草を用意しておくことも愛情テクとして有効です。

ところで、あなたは「結婚」に特別な思いを持っていませんか。今まで「別に式を挙げるかどうかなんて、気にしたことない」と言っていた人も、30代を過ぎたあたりから少しずつ、「みんなにお披露目したい！」という気になってきたはずです。目の前の相手が結婚にふさわしいかどうか迷ったときは、結婚披露宴やウエディングパーティをイメージしてみてください。純白のドレスに身を包んだあなたの横に、彼がイメージできたら、その恋は本物！

♏ 火星星座が

蠍座

★運命の人を見極めて

蠍座の愛は、ただひとりに注がれます。「愛する人と、魂が触れあうほど、深く深く結ばれたい！」

自分にとって唯一無二の存在求める傾向は、30代半ば以降、いっそう強まるので、現在パートナーがいない人も、早々に結婚した女友だちをうらやむ必要なし。いわゆる「適齢期」は、あなたにとって何の意味もありません。運命の人と出会ってしまえば、その恋を永遠に持続させるパワーと愛情の濃度にかけて、あなたの右に出る人はいないのですから。

この一途さゆえ、好きになったらモラルや常識など何のそのと、自分の思いを貫きます。結果、周囲から大ブーイングのダメ男に関わって人生を翻弄されたり、不倫やシングルマザーという事態を招くことにもなりかねません。人を見る目だけは、しっかり養ってください。

★復活愛にケリをつける

恋愛の度に「この恋は一生もの」と思ってきたわけですから、かつて愛した人への思いも特別です。元彼との復活愛が非常に多いといわれるのも、無理ありません。未練があるなら、思いきって連絡する。「なんだ、若気の至りだったのね」と思うか、「やっぱり私にはこの人でなきゃ」と思うのか、いずれにせよ、前に進めるでしょう。

問題は、復活愛の可能性がないのに、いつまでも昔の彼が忘れられないという人。太陽星座のライフ・テーマを読み返し、新たな人生の喜びを見つける行動を起こしてください。

★天性のフェロモンも使い方次第

ミステリアスでセクシーな雰囲気が、あなたの魅力です。心の内は簡単に明かさず、ゆっくり意中の人を引き寄せましょう。恋のトラップを仕掛けるには、アルコールの力を借りて。あなたは「夜」の似合う女性なのです。ただし、その天性のフェロモンにより、お目当て以外の男性からも気があると勘違いされて口説かれる機会が多いかも。強引なアプローチに負けてフィジカル面でのトラブルを起こさないよう、気をつけて。

既婚者は同窓会で焼けぼっくいに火がつきそう。30代半ば以降の火遊びは失うものが多すぎるでしょう。

♐ 火星星座が

射手座

★知性と野性の共存

射手座は、情熱の火のエレメントに属し、その性質は「摩擦の火」とされています。いろんな人と接触するのが好きなので、特定のタイプにこだわることはないでしょう。

基本的にアクティブで陽気、恋人にも、アウトドア好きで冒険者タイプを好みます。ですが、「火星星座が教えるサクセス・ロード」(P.100)でご紹介したとおり、あなたには「知性と野性」が同居しています。そのため、体を動かすだけでなく、頭を動かすのも好きだったりします。アウトドアも嫌いじゃないけれど、恋人とは時間を忘れて語り合いたいという思いもあり。ただ残念ながら、肉体派の男性には難しい話が苦手、面倒という人も多いものです。

単調な会話とマンネリなデートは、あなたには耐えきれないでしょう。刺激のない会話や家族のような穏やかな愛情は、自由奔放なあなたにとって退屈なだけ。飽きっぽいと言われるのも、そのせいなのです。パートナー選びの際は、映画や文学をネタにとことん議論できる聡明さと、旅好きなあなたに歩調を合わせられる軽快なフットワークを持ち合わせているか、その辺りが重要です。

議論にならない無口な人、オタクやインドア派も、あなたには辛いかもしれません。

★愛に縛られたくない!

自由を愛するあなたにとって、自らが、恋のイニシアチブをとることはとっても重要です。射手座のシンボルである半神半馬のケイローンが手にしているものは、弓矢。あなたにとっての「愛」とは与えられるものではなく、自ら狩るもの。しつこく追いかけられたり、行動を逐一チェックされると、それだけでうんざり。つきあい始めのころは、「愛されている証拠」などと喜べても、同棲や結婚生活では耐えきれません。

また射手座は、外国に縁が深い星座でもあります。恋のマンネリ化を防ぐには、外国旅行が特効薬に。既婚者であれば、当然、大型連休や夏休みは、夫婦、あるいは家族で海外に出かけましょう。

ただし、裏を返せば、あなたは、それだけ「外国」コンプレックスも強いということ。外国人や語学堪能、外国暮らしが長いというだけの男性を、無条件に恋愛対象として受け入れないよう、気をつけて。

♑ 火星星座が 山羊座

★恋のブレーキを有効利用

山羊座は、仕事同様、恋愛に関しても保守的な星座です。その傾向は、30代半ばからますます強くなります。現在シングルの人は今後、一夜のアバンチュールを楽しんだり、軽い気持ちで合コンに参加するということは、少なくなるでしょう。言い替えれば、勢いやノリで結婚するなら、35歳までに決断すべし。以降は、さらにブレーキがかかります。

口説いても、簡単には落ちないので、お堅い印象をもたれがちですが、決して恋愛センサーが鈍いわけではありません。ただ、お眼鏡にかなう相手と巡り会えなかっただけでしょう。あなたがパートナーとして望むのは、単純明快。誰に紹介しても恥ずかしくない、仕事のできる男性であること。長い人生を不安に陥ることなく、ずーっと連れ添える、そんな確信のもてない男には、ひっかからないよう自分を制御しているのです。

マナーや常識が欠如している人や、定職に就かないフリーターなど、ダメ男にはまってしまう心配は、まずありません。理想のパートナーは、外では仕事をきっちりこなすエリートでありながら、ふたりでいると、情熱的で愛情たっぷり。プライベートは、あなただけが知っていればいいのです。

★愛の勝者は最後に笑う

山羊座は、「晩婚」の星座といわれています。ガードが堅く、理想が高いので、なかなか決まりにくい。ですが、「晩婚」イコール、年をとっても、恋愛・結婚のチャンスに恵まれる、という意味にとれば、現在シングルの人も、40代、50代が楽しみになってきませんか。「早く結婚しなくちゃ！」と焦ることなく、じっくりパートナーを探しましょう。最後の最後で笑えばいいのです。

ものは考えよう。何事もつい悲観的にとるのもまた、あなたの悪い癖です。

既婚者にとっては、安定したオフィシャル・ライフが揺らいだとき、つまり、彼の仕事の一大事が、夫婦生活の危機に直結しそう。リストラや減棒など厳しい局面にあって「もっと頑張れ！」と責められたら、男性はくさります。夫の仕事には意見しないと、決めること。あなたの仕事が順調ならなおさらです。

火星星座が

水瓶座

★障害は意外なところに

「若いころは恋多き女だった」と胸を張る人も多いでしょう。ただ、水瓶座に火星を持つあなたは、恋愛至上主義ではなく、人間好きの延長での恋愛だったのではないでしょうか。ウエットな関係を好まないので、寂しいという理由でパートナーを求めるケースは少ないはず。

水瓶座は、常識やセオリーから解き放たれた星座。ですから、パートナーとの年齢差がいくつであろうが（むろん年下であっても）、職業、収入、家庭環境、はたまた国籍に至るまで、あらゆる「違い」は、恋のブレーキになりえません。

課題は、そのスタートより、同棲や結婚の手前で生じがちな「世間のしがらみ」をいかにクリアしていくかにあるでしょう。敵は、親や親戚などに限りません。当のパートナーが、親の言いなりだったり、職場での評判を気にしたりと、意外な保守傾向を露呈させて、あなたをがっかりさせるかもしれないのです。

あなたにとって、恋愛は決してお互いを縛るものであってはなりませんから、お仕着せのデートや彼好みのファッションなんて、まっぴら！「それなら女友だちと遊んでいたほうがまし」と考えるでしょう。

あなたの望む、自由で平等な関係を貫きたいなら、パートナーにはできるだけ自立した男性を選ぶことです。「家事は女性がやるものだ」「自分の収入のほうが多くないとイヤだ」、この手の古式ゆかしき日本男児には、さっさと見切りをつけましょう。年齢差にこだわらないあなたですから、家事でも何でも喜んでやる若いパートナーを見つけましょう。

ただし、インテリジェンスは重要なポイント。アメリカの州を20程度しか知らない、EU加盟国を10カ国程度しかあげられない、そんな男性もノー・サンキューで。

★すれ違い生活になる前に

既婚者の場合、前記のような傾向はますます強まります。家ではテレビを見るだけ、しかも低俗な番組ばかりを好む夫なんて、会話をする気も失せるでしょう。そのうちあなたは友人とのつきあいを優先し始め、すれ違いは広がる一方。手遅れになる前に、会話が弾むような工夫を。友人夫婦とのWデートや旅行がおすすめです。

火星星座が 魚座

★いつでもラブ・モード

感受性が強く、想像力あふれる魚座は、ロマンチストが多い星座です。若いころから、いつも恋する気持ちを抱えてきたでしょう。

また、第六感に優れているので、恋の気配にとっても敏感。ですから、あなたには「いかに恋人をつくるか」というアドバイスは不要でしょう。いつでも自在にラブ・モードをスイッチオンできるはず。

けれども、あなたは、ムードに弱く、強引に迫られると、「もしかして好きになったかも」とつい思ってしまう甘さもあります。満天の星空の下や海の見えるホテルなど、ロマンチックな状況下で口説かれ気がついたらベッドイン、そんな展開に覚えはありませんか？　アルコールが入るだけで、ディフェンスが甘くなってしまう人も多いはず。恋愛が始まるまでは、アルコール抜きで相手を観察して。

★恋愛や結婚の現実を直視

魚座に火星を持つあなたには、現実社会からこぼれてしまった人への抵抗がありません。定職に就かない人、仕事が続かない人、夢を追い続けるアーティスト、放浪者、あるいはちょっと暗黒系の匂いがする人など、ノー・フューチャーな男性と関わりやすいのです。すでに20代に苦い体験をしてきた人もいるのではありませんか。

恋愛相手に不自由はしなくても、永遠の愛を誓うのにふさわしい相手と付き合えるかは、別問題。寄り道をしている間に、運命の人を逃しているかもしれません。すべては、あなた次第なのです。

愛されることから始める恋愛ではなく、あなた自身から愛する関係をつくってください。

★愛に耽溺しないこと

既婚者の場合、結婚生活という現実の中で夢見る部分が満たされず、渇いている人も多いかもしれません。古い言葉で言うところの「よろめき」の可能性が潜在しているあなたは、簡単に恋のトラップにかかりそう。恋愛に溺れやすいのです。「家族にバレなければいい」のでしょうか。いえいえ、隠し通すなんて、あなたにはきっと無理。気軽な浮気は、あなたの人生から大切な家族を奪ってしまうかもしれないのです。

column

“affirmation”で、望む未来を宣言する！

ハッピー実現を後押しするアイデアをご紹介しましょう。

それが「アファメーション（断言、確信、肯定）」です。

「幸せになれますように」「結婚できますように」「仕事が成功しますように」。叶えたい夢はそれぞれでしょうが、こうしたお願いの言葉を口にする度に、実は、今の自分がその状態にないことを繰り返し潜在意識に植え付けているとしたら？　つまり「彼ができますように」とお願いする度に潜在意識に「私は彼がいません！」と刷り込んでいるということです。これでは、望む未来から遠く離れるばかり。そこで、アファメーション。すでにその状態にあるのだと、断言しちゃいましょう。例えば「私は、理想の彼ができました」と言い切ることで、潜在意識に働きかけるのです。言葉の持つ力、凄いです。

「幸せになりたい」は、「私は幸せです！」に。

「彼ができますように」は、「私は、恋人がいます」に。

「昇給しますように」は、「私は、昇給しました」に。

未来形ではなく、現在形、現在完了形が基本。そして、もうひとつ。主語はすべて「私」であること。「〇〇さんが私を好きになってくれますように」は、ダメ見本。自分を変えることができても、人を変えることはできませんから。そして項目は、２個以上10個以内がおすすめです。

さあ、アファメーションのコツ、摑《つか》めたでしょうか。できれば始まりの象徴である新月の日に書くのがグッドタイミング。今すぐ、新月の日を手帳に記しておいて下さい。

火星星座で
コミュニケーションを磨く

オフィシャル、プライベートを問わず、
対人関係は、何かと頭を痛める問題です。
うまくいかない原因は、案外、あなた自身にもあるかもしれません。
人とのつきあいにも、人それぞれ、独特の癖があります。
そろそろ、自分のことも冷静に見つめてみましょう。
12星座別に火星星座を読み解けば、
グッド・コミュニケーション術が見えてきます。

火星星座が

牡羊座

★「私」を感じるとき

牡羊座は、フレッシュさが特徴の星座です。最初の星座ですから、目に映るものすべてが新しい。初めての体験を重ねながら「私は誰？」と自問自答していきます。

牡羊座に火星を持つあなたも、30代半ばから、この傾向が強くなるでしょう。興味の対象は「自分」にありますから、人間関係を築くことに熱心ではありません。自分のやりたいことに熱中していると、つい、いい加減な応対や、乱暴な物言いが増えてしまう。周囲にはカチンときている人も多いでしょう。険悪な状況に気づいたときには、関係修復が難しい状況になっていることもあるはず。

そんなあなたですから、若いうちは「勢いがあって面白い」と可愛がられたことでしょう。でも、ある時期からその評価が、「大人げない」に変わって、とまどうことも。

対人関係を円滑にする鍵は、「悪気があっての言動ではなく、私はつい周りが見えなくなってしまうのだ」と、先にエクスキューズをしておくこと。「不愉快になったら、その場で言ってほしい。言われないと分からないから」というひとことも付け加えてください。

★リーダーになる母親

親子関係においては、母性というより、リーダーとして子どもを引っ張ります。おとなしい子どもなら、自分を引っ張ってくれる母親を頼もしく思うでしょうが、負けん気が強く気性の荒い子どもとは、とっくみあいの大ゲンカに発展するかもしれません。

★ひとりで進む「勇気」が武器

孤高の人であることに不安がありますか。でも、何でも友だちと一緒では、せっかくのチャレンジ精神を発揮できません。転機を迎えて未知の世界に飛び込もうとするあなたには、「やめた方がいい」「私もやりたいから一緒に」と、ペースを阻む友人の存在は重たいだけ。ランチは同僚と一緒でなくちゃ、子どもの公園遊びは必ず近所のママ友と……。こうした面倒くさい人間関係にキレたとき、あなたの攻撃性は人一倍強く発揮され、絶縁状態に発展しがちです。そんな極端な事態を防ぐためにも、「ひとりで動きたい」とはっきり言いましょう。ひとりで進む「勇気」こそ、あなたに与えられた最強の武器ですから。

火星星座が

牡牛座

★守りが拒否に見える

牡牛座に火星を持つあなたは、あなたにそんなつもりがなくても、一見、とっつきにくい印象を与えるようです。

初対面で盛り上がり、「じゃあ、今からウチに遊びにおいでよ」という関係になることは、まずないでしょう。フランクには話しかけにくい雰囲気があるのです。

友人との距離が縮まっても、ペースを乱されるのが苦手なので、「今から出てこない?」という突然の誘いに柔軟な対応ができない。何だかんだと理由をつけて断ってしまう。そんなことを繰り返すうちに、付き合いそのものが疎遠になるのは当たり前。それでは年を重ねるごとに、世界が狭くなるばかりです。大勢と賑《にぎ》やかに付き合うことも課題ですが、少なくとも、あなたのことを理解してくれる「絶対」の親友は確保しておきましょう。

★自分の時間を確保する

上司や姑など、年長者とのお付き合いは、そつなくこなすあなた。内柔外剛タイプなので、ストレスが溜《た》まっていても、おくびにも出さないでしょう。だからこそ、建て替え同居の話がでたら、二世帯住宅を死守すべし。マイペースで過ごせる時間がないと、自分自身、我慢していることに気づかないまま、ある日突然、壊れてしまうかもしれません。親子関係では、「お母さんは自分を守ってくれる」という絶対的な信頼感と、ちょっとのことではオタオタしないマイペースぶりが、子どもに大きな安心感を与えます。子どもが小さいうちは、特に大きな問題は起こりません。成長したときに、子どもには子どもの人格があるのだと思えるかどうかが大事です。

★気持ちはきちんと言葉にして

あなたは、本音がわかりにくい人だと思われているかもしれません。あなた自身、「居心地よい関係だから、言葉にしなくても通じているはず……」などと考えていませんか。でも、言葉にしないと伝わらない人は大勢いるのです。

喜怒哀楽はきちんと伝えましょう。「この間はすっごく楽しかった」と言ってみる。「面白かったの? そう見えなかったけど」なんて言葉が返ってくるかもしれません。あなたの感情表現は、大げさかな? と思うくらいでちょうどいいのです。

♊ 火星星座が 双子座

★ピンときたら話しかける

双子座に火星を持つあなたの対人関係を円滑にする鍵は、「情報」です。雑誌やインターネットはもちろん、あらゆる人もまた、大事な情報源です。あまり親しくない人や、カフェで隣り合っただけの人にも、「ピン！」ときたら話しかけるくらいの気軽さで。それがあなたのラッキー・アクションとなるでしょう。

とりわけ、年下の友人たちは生きた情報源、若さをキープしてくれる刺激剤となります。話題に上がったテレビドラマや映画などは、ビデオに撮ってでもチェック。20代の女性に人気のベストセラー本も、とりあえず読破してみる。若い世代に迎合するのではなく、自分が楽しむことが大事です。レンタルビデオや古書店を上手に利用して下さい。

★年齢に限らず、友だち感覚で

上司や姑など年長者とお付き合いする際も、「トレンドに強い情報通の女性」というポジションがコミュニケーションをスムーズにします。愚痴の言い合いや悩み事の聞き役になりそうなときは、デパ地下巡りや漫才や寄席に誘うなど、カラッとしたお付き合いを提案しましょう。

親子関係においては、あまり親としての自覚や責任を意識しないあなたですから、子どもの目線に立って物事を感じ、友だち親子のノリで楽しくやれるでしょう。ただし、無口な子どもにはあなたのおしゃべりがストレスとなる場合があるので、特に反抗期を迎えるころは気をつけて。

★「知らないの？」はNG

情報通のあなたは興味の範囲も広いので、つい「知らない」という人を小馬鹿にしがちです。

「えー、知らないの？」

あなたのこのひとことに、カチンときている人も多そうです。NGワードとして覚えておいてください。

また、コミュニケーション不足を自覚している人は、言えずに飲み込んでしまったお礼や称賛の言葉をそのままにせず、電話やメールでのフォローを習慣づけてください。

あなたにとって、おしゃべりは気分転換のひとつ。会話のない毎日ではストレスが溜まります。いつでも長電話できる、気のおけない友人を何人か確保しておきたいものです。SNSはおすすめツールです。上手に利用して。

♋ 火星星座が

蟹座

★「食」でコミュニケーションを

蟹座に火星を持つあなたは、外面と内面が違うタイプ。対人関係も相手との距離次第で、かなり変わってきます。親しくない人や初対面の人には、人見知りが強いはず。会話の糸口を見つけられないのです。

親しくなりたければ、「おいしい店を見つけたの」と食事に誘って。「食べる」ことは、あなたにグッド・コミュニケーションをもたらします。ママ友なら、家に誘ってリビングでのおしゃべりを楽しんで。

ただ、少し近い関係になってから気をつけてほしいのが、「話題」です。あなたは、ついつい噂話をしがち。初対面の人とうちとけられないのも、いきなり噂話をするわけにいかないから。

あなたが話題にするのは、ちょっと距離のある人の悪口か、身内の自慢話。聞いているほうは、うんざりしているかもしれません。夫やパートナーより血縁のある人に肩入れしやすいので、特に舅や姑を前にしたときは注意してください。

★感情表現は派手

実は家の中でのあなたは怒ってばかりという状況が多くないですか。エキセントリックなあなたは、ちょっとしたことにも過敏に反応して、大声を出す、時に泣きわめくと、感情表現はかなり派手。家族には怒鳴られる理由がわからず、頭の中は「?」だらけ。そのうち、「ママには付き合いきれない」と距離をおかれてしまいます。これではせっかくの家族愛も上滑り。働く女性の場合、この傾向は部下にも向けられるでしょう。

★世話焼きもほどほどに

母性愛に富む蟹座は、付き合いも母子関係に持ち込みがち。相手が上司や姑であれば、甘えたい。しかも公私の境界線があいまいなので、上司に恋愛相談を持ちかけてしまう。姑に夫の秘密をばらしてしまう。部下や同僚に何かと世話を焼きたがる。恋人がいなければ紹介したがる……。

相手は内心、辟易《へきえき》しているかも。

「ずーっと我慢していたけれど、今日こそ、言わせてもらいます」大好きな人から、そんな言葉がでないよう、日頃から気をつけて。

♌

火星星座が

獅子座

★年下と上手につきあう

獅子座は、基本的に「親分子分」の関係を好む星座です。この年代にその傾向が強まるということは、自ずと年下との関係性がクローズアップされることを意味します。

職場では、新人や部下から、面倒見の良さで頼りにされるでしょう。リーダーシップを発揮しますので、尊敬する上司として存在感を示しそう。ただ、自己顕示欲が強く仕切りたがるので、同僚や年長者からの受けは今ひとつかもしれません。

また、親子関係においては、子どもが小さいうちは、熱心に面倒を見る母親です。休日は家族みんなで出かけるなど、あなたが主導権を握って楽しい計画を立てるでしょう。ただ、おおざっぱなところがあるので、内気でくよくよと悩むタイプの子どもには、あなたの威勢の良さが逆効果になることも。ときには静かに話を聞いてあげてください。

★人望集めてこその「君臨」

人を集めて、陽気に騒ぐことが大好きですから、お花見や花火見物、河原でバーベキューといったイベントは、率先して企画してください。太陽の下での明るい飲み会は、この時期のあなたにぴったりのコミュニケーション術です。

場所取りや材料の仕込み、諸々の手配や準備は、機動力ある若者に頼めばいいのです。お金に関しては、太っ腹なところを見せましょう。

このように、陽気でにぎやかな雰囲気を好みますが、実は、寂しさの裏返しでもあります。人の先頭に立ってはみたものの、振り返ると誰もいなかった……そういう状態に、あなたは耐えきれません。

獅子座のキーワード「君臨」は、人望を集めてこその言葉です。人の話を聞いているときに、「私だって」とか「私ならもっと」などと、思っても口にしてはダメ。「○○さんたら、また自分の話ばっかり」とそっぽを向かれてしまいます。

実力があって、誰からも好かれる性格であれば、あなたが自慢したいことなど、周囲が代わりに言ってくれるはず。自慢話をしているようでは、あなたは「女王様」としてはまだまだということ。称賛に値する女になるよう、女王道を精進してください。「態度は堂々、言葉は謙虚」を肝に銘じて。

♍ 火星星座が

乙女座

★最強の部下は最強のリーダーにあらず

オフィシャルでのあなたは、非常に有能なパートナーとして、同僚や外部スタッフから信頼されるでしょう。特に、あなたが部下の立場なら、上司にとって大事なスタッフとなりそうです。

問題は、あなたが上に立った場合です。リーダーシップを発揮して、周りをグングン引っ張っていくというタイプではないですし、大きな責任を伴うと、何事も及び腰になりがちです。そんなあなたは周りから、「頼りない人」と映るかも。最強の部下だからといって、最強のリーダーにもなれるという保障はありません。そのことを十分自覚して、いざというときに若い人の力を借りられるよう、日頃から後輩を立てつつ、丁寧なお付き合いを心がけましょう。

★口は、本当に災いの元

鋭い分析力と観察眼が特徴の星座ですが、それだけに、言葉が過ぎることも。この時期、対人関係においてもっとも注意すべきことは、「口は災いの元」。

例えば、第三者について「あの髪型、彼女には、似合ってないよね」と話題にする。あなたは冷静に分析しているだけで、悪口を言ったつもりがなくても、又聞きした本人は、そうはとりません。もちろん、面と向かって言われるのだって、面白くないでしょう。もともとおおざっぱなところのある人なら、急に口うるさくなると、「自分のことを棚に上げて」と、反論されてしまいそう。

ひとつひとつは、たいしたことでなくても「私、こんなこと言われた」「ひどーい。でも、私もこの間……」。周囲では、こんな会話が交わされているかもしれません。気がつくと周囲から微妙に距離をとられていたなんてこともありえるのです。

いろいろなことが気になるからといって「むやみに人を批判しない」と、心に留めておいてください。

★注意したら、その分ほめる

親子関係でも同様です。子どもにとって、几帳面で責任感あふれるあなたに、ルールや人としての常識を教わるのは、とてもいいことです。反面、ダメ出しばかりでは、自信を失う子もいるでしょう。注意したらその分、たっぷりほめてあげてください。

♎ 火星星座が 天秤座

★見て見ぬふりも大切

天秤座に火星を持つあなたは、社交的でマナーが良いので、初対面で不快感をもたれることはまずないでしょう。ですが、この時期のあなたは、いいことも悪いことも「人」絡みで起きるので、気は抜けません。

もともと天秤座はその名の通り、「バランス」を重んじる星座です。普段は、あまり対人問題に熱くなりませんが、職場での露骨なえこひいきなど、誰かが不公平な目に遭っているのを見ると、怒りを感じます。

何といっても、12星座一ピースな星座ですから、争いごとは好みません。どこかがもめていると、「まあまあ」と割って入ってケンカを納めてしまいます。でも、当事者にしてみれば、案外、やるだけやったほうが、後々すっきりしそうな展開もあるのです。内容に応じて時には見てみぬふりをしましょう。

また、人との接触が多いぶん、どうしても相談を持ちかけられるケースが多くなります。でも、あなたは客観的なアドバイスは得意ですが、ウェットなタイプが苦手なので、同性とは1対1の関係に持ち込まない方がよいでしょう。

★おもてなしの心で

パーティなど華やかな場所を好みますが、外出ばかりでなく、自宅をサロンのように開放するのもいいでしょう。お客様を気軽に迎え入れ、それでいて心のこもったおもてなしをすることに、あなたは特別な才能を発揮します。センスの良いインテリアも天秤座の特徴です。

おいしい紅茶や珈琲豆をいつもストックしておき、素敵なカップとともに、サーブしましょう。そうすることによって、あなたの社交性はますます磨きがかかり、人脈は増えていくのです。

親子関係においては、あなたは子どもを客観的に見ることができるので、当然、親バカになりにくいようです。子どもも、眉間にシワのよっていない美しいお母さんは自慢でしょう。ですが、自分の美意識から子どもに、「やめなさい。みっともないから」といった抑制ばかりを強いると、いざ子どもが深刻な悩みを抱えたときに、真情を吐露してもらえないかもしれません。子どもの心の声が素直に出やすいように、日頃から、愛情たっぷりなスキンシップを意識してください。

♏ 火星星座が 蠍座

★踏み込みすぎは迷惑に

何かに取り組むにしても、人と付き合うのにも、一事が万事、徹底的であるのが、蠍座の特徴です。蠍座に火星を持つあなたは、対人関係もオール・オア・ナッシング。愛情深いあなたに目をかけられた人はとても頼もしく思うでしょう。

反面、自分がいかに相手を思っているか、その感情を強く押しつけるので、クールでさらっとした人、あるいは今の自分に満足している人には、あなたの存在が非常にうっとうしく感じられるのです。

例えば、「そんな仕事のやり方は、あなたらしくない」「あなたには、もっとふさわしい男がいる」などと、断定される側は、たまったもんではありません。あなたは無意識のうちに相手を支配し、相手に対して影響力を持ちたいと願っているのです。

相手のプライベートに踏み込むわりには、自分の世界に入ってこられるのは、拒否します。しかも、誰よりも頑固なので、自分が興味あるもの以外は、受け付けません。

★偏りを修正する努力を

そうはいっても、上司や姑など、年長者とお付き合いする際には、まずトラブルは起こしません。軽佻浮薄なお付き合いが苦手なので、あなたの誠実な態度は、おおむね好感を持って、受け入れられるでしょう。ただし、言い方を変えれば、それほど大事ではない相手には一線を引けるということ。年長者であっても親しさのラインをまたげば、前述のようなことが起こりうるでしょう。

親子関係においても、あなたがかつて体験したように、ディープな愛情が特徴です。子育てに情熱のすべてを捧げますが、「どれほど愛しているか」を熱弁しなくても、子どもは、あなたの愛情をしっかり受け止めています。「あなたを一番わかっているのは、ママよ」あなたの深い愛が重荷にならないよう、子どもに愛の呪文は唱えないよう、ご注意ください。また、支配的なので、子供が反抗すると強い態度で押さえ込むかもしれません。

絶対的支配欲と、自己完結して受け入れない部分、この相反する極端な性質はあなたにとっても重荷でしょう。心理学の本などから自己分析方法を学び、自分の偏りを修正すると、人付き合いはスムーズにいくでしょう。

♐ 火星星座が

射手座

★話題も付き合いもマイペース

ひとりとの限定した付き合いではなく、生まれも育ちも違ういろいろなタイプの人とつきあえるのが、射手座の強みです。当然友だちの顔ぶれもいろいろ。初対面の人ともあっという間に仲良くなれるでしょう。

知的好奇心が旺盛ですから、ロードショーや新刊などの話題に強く、面白そうなセミナーや講座などを見つけるのも得意中の得意。あなたと友だちになると行動半径が広がるので、元気で遊び好きの女性たちがどんどん集まってきます。

親子関係においても、子どもとはひとりの人間として付き合います。「あなたはどう考えているの」「あなたは何をやりたいの」、子ども相手に対等な対話を展開。また、大きくなってからはともかく、小さいうちはあまり放任すると、子どもが寂しい思いをするかもしれません。

ディスカッションを好みますが、話題に関しては、かなりマイペース。何が何でも、自分が今興味を持っている話題をだして、持論や感想を披露します。それに付き合ってくれる人とは何時間だって話し込みますが、相手が反応してくれないと、つまらない。せっかちですから、興味のない話題にダラダラ付き合っているのは嫌い。「じゃあ、私用事あるから帰るね」とでていってしまう。周囲からは、台風のような存在に思われているでしょう。

★無頓着もほどほどに

いい意味でおおらか、悪く言えば大ざっぱなのです。繊細で傷つきやすい人にあなたの言動は、ひんしゅくを買っているかも。ですが、当の本人は、自分が原因で傷つけているとは理解していないので、怒りをぶつけられるまで気づかないことも多いでしょう。

あなたには対人関係への執着がありません。興味がもてるか・もてないかがポイントなので、「どんなに私があなたを思っているか」といった言葉に振り回されることはないでしょう。濃い愛情を押しつけられると、「面倒だから連絡するのはやめておこう」と気軽に人を無視するクセは、改めたいもの。

上下関係や冠婚葬祭のルールなどにあまり頓着《とんちゃく》しませんので、上司や姑など、年長者からの受けはイマイチでしょう。年齢にふさわしい行動も心がけてください。

火星星座が

山羊座

★「肩書き」を意識し過ぎない

山羊座は、社会性を重んじる星座です。この山羊座に火星を持つあなたは、30代半ば以降、社会人として逸脱したふるまいで周囲のひんしゅくを買うことはなさそうです。

ただ、あなたはその社会性ゆえ、相手を肩書きで判断しがちです。同じ会社内、あるいは同じような仕事に就いている人とは、スムーズな関係が作れますが、自分（またはパートナー）より、立派なキャリアを持つ人を相手にすると、妙にへりくだって弱腰になるなど、つい出身校や職業で人を見てしまいます。

世の中は、相手が何をしている人かと気にする人ばかりではありません。あまり、そこばかり気にしていると、フランクな友人関係がつくれず、結果、ソンをするのはあなたです。

自身の成熟度が高いので、上司や姑など、年長者とのお付き合いはお手のものです。これまでも、就職や結婚など、人生の転機において、年長者のサポートを受けてきたことと思います。あなたへの信頼は厚いので、今後もトラブルが起きることはあまりないでしょう。

むしろあなたは、年下の人と交流するほうが苦手かもしれません。あなたにその気があっても、向こうから見て、あなたはちょっといじりにくいタイプかも。気軽に「〇〇さん、カラオケ行きましょうよ」とは誘えない雰囲気があなたにあるのです。

★肩の力を抜けばお互いが楽

自分のノルマをこなすことに厳しく、集中すると、つい殻に閉じこもりがち。孤独を好んでいるわけではないのに、気がつくとひとりで頑張っているなんてことにもなりかねません。

あなたが、あまり完璧に何でもこなしてしまうと、周囲は、それを当たり前だと思ってしまいます。気がつくと、残業や家事の負担が増えている、そんな状態になっているのかも。自分がやらねばと気負うのではなく、「私がみんなをうまく使わなくては」と発想を変えましょう。

親子関係においても、もっと肩の力を抜いて。あなたの頑張りは、子どもに十分通じています。時には家事の手抜きをしたり、思いきり贅沢《ぜいたく》をしたり、あなたが楽になることが、子どもの息抜きにもなるのです。

火星星座が

水瓶座

★友人に恵まれる

友だちをつくるとき、何があなたのポイントとなりますか。その人が、世間的には変人扱いされていても、個性があって、話をしていて面白いこと。ただ、それだけではありませんか。

博愛の星座、水瓶座に火星を持つあなたは、友人に恵まれます。職業、年齢、性別、国籍などに全く左右されないフランクな態度が、たくさんの友人を呼ぶのでしょう。そして、トイレに一緒に行く女子高生のようにつるんだり、干渉し合う、ウエットな関係は苦手なので、きちんと自立したお付き合いができる人を好むはずです。

また、あなたは男女の別なく付き合いますが、世の中には、それを好まない男性もいるのです。他の男性と楽しげに語り合ったり、男友だちと出かけたりすることにやきもちを焼くパートナーには、きちんと気を遣うこと。

★そろそろ大人の常識も発動させて

基本的に対人スタンスは「平等」です。上司や姑など、年長者だろうが、実の子どもだろうが、友だちのようにさらりと付き合います。冠婚葬祭や盆暮れのつけ届けなどには、あまり気が回らないでしょう。

そういう「あなた流」が通用する相手なら、常識に捕らわれなくてもいいでしょうが、保守的なタイプの人だと、そうもいきません。もう大人ですから、折れるところは折れる。例えば、燃えないゴミは不燃物の日に出す、といった世の中に数多くある単なる規則と同じようなものだとわりきって、こなしていきましょう。

★横のネットワークづくり

また、親子関係においても、友だちのようにざっくばらんにつきあいます。えこひいきとかネコ可愛がりとは無縁なので、子どもが甘えん坊なタイプだと、少々寂しい思いをさせるかもしれません。祖父母や親戚などと過ごす時間をたくさんとったり、近所のお友だちづくりに手を貸すのも一案です。

しがらみのない、自由な人間関係を作れるのがあなたの武器。こうした横のネットワークをいつか、何らかの運動やボランティアなど社会貢献という形にできたら、最高でしょう。

♓

火星星座が 魚座

★好意も悪意も敏感に察知

心優しく、慈悲の心にあふれる魚座に火星を持つあなたは、人を思いやる気持ちもいっぱい。ですから、対人関係において、あなたから問題を起こすことは少ないでしょう。

というのも、基本的に、人から「好かれている」「嫌われている」に関して、あなたはとっても敏感です。人一倍デリケートで、傷つきたくないからこそ、誰よりも人の好意や悪意を察知できるのです。

問題は、あなたが対人関係をいかにコントロールしていけるか、にあります。相談を持ち込まれたり、あるいは好みではないタイプの異性から口説かれたり、あなたの本意でないあれこれに、どう対処していくか。どうか、そのテクニックを磨いてください。

例えば、お断りの言葉をいくつか頭の中に用意しておくのも手です。「ゴメン。その日は、親戚の集まりがあって」「親が体調を崩していて……」借金の申し込みなら、「実は私も困っていて……」くらい、言ったっていいのです。いったん相手の悩みに耳を傾けてしまったら、あなたは断ることができません。こうしたお断りの言葉をすらすらと言えるように、練習しておくこと。

★「仕方がない」で終わらせない

情やムードで動いているように見えるので、上司や姑など年長者からは、「いい人なんだけど頼りない」と、信頼感にはイマイチ欠けそうです。

時間にルーズなのもマイナス・ポイント。でもそれは、動作がのろいから、いい加減だからという理由ではありません。誰かの話に付き合っていたら、話が長引いてなかなか終わらない。「ゴメン。ちょっと用事があって」のひとことが言えずに、次の約束に遅れる。一事が万事、そんな調子です。遅刻ひとつとっても、あなた自身が「仕方がなかった」ことにしてしまったら、信用回復はありえません。ちゃんと自覚すべし。

ただ親子関係においては、この優しさを良きママぶりとして発揮しそう。難を言えば、ちょっと甘すぎるところ。子どもの忍耐力を育てるべきときも、「そんなに○○ちゃんがイヤなら、やめてもいいのよ」と優しい。それが、本人のためになっているか、現実という社会で有利か不利か、という視点に立って子育てするよう意識してください。

column

“smile generation”到来！
45歳からも、もっとハッピーに。

25歳から35歳までがライフテーマを見つける「太陽」の世代、そして35歳から45歳が、それをパワフルに推し進める「火星」の世代。それぞれ、「サンシャイン・ジェネレーション」「パワー・ジェネレーション」とご紹介しました。

さて、45歳からの次なる世代を担当する天体、それが木星・ジュピターです。

西洋占星術において、木星は、元々、幸運を司る吉星、ハッピースターとして知られていました。その意味するところは、「受容」であり「寛大」です。

20代以降、自分探しを繰り返しながら、ようやく自分のやりたいことがはっきりしてきた。そして30代は、その目指すべき方向に、パワフルに突き進んできた。なんだかんだそんなこんなで、40代半ば。若い頃に比べると体力も少し落ちてきた頃。さあそろそろ「私が！ 私が！」と頑張るのではなく、これまでの自分を、そして自分の周囲をすべて受けいれ、優しく大らかに発展させていく、そんな時代に入るのです。それが、「スマイル・ジェネレーション」。豊かに生きる、それが次のテーマです。

そのとき、あなたの準備ができているかは、「サンシャイン・ジェネレーション」「パワー・ジェネレーション」をいかに過ごすかによるのでしょう。

本書が、みなさんにとりまして、にっこりハッピーな45歳を迎える一助となりますように。

火星星座のパワーを高める幸運の鍵

自分に内在する可能性を最大限発揮したい！
それは誰もが抱く共通の思いでしょう。
最後に、火星星座のパワーをさらに高める
幸運のヒントをご紹介します。
あなたが、星の意味するところをきちんと意識することで
効果はさらにアップします。
幸運の鍵の使い道は、あなた次第なのです。

♈ 火星星座が牡羊座

★「眼力《めぢから》」と「ヘア」で決意表を！

あなたの幸運の鍵は、「チャレンジ」です。未知なるものに果敢に挑むことで、30代半ばからの人生をアクティブに切り開いていきましょう。その際、ぜひ力を入れてほしいのが、牡羊座が支配する身体のパーツ、「ヘア」と「瞳」を強調すること。

無難なヘアスタイルでは、あなたの意志は伝わりません。新しいことに挑戦するたびに、ヘアデザインやヘアカラーを変えて、チャレンジしていく決意を表明する。周囲からの「あれっ、またイメージ変わったね！」という賛辞は、あなたを後押しする言葉になるでしょう。

また、アイメイクにも気合いを入れて。ふんわりとした柔らかなメイクより、くっきり・ぱっちりとした目元が似合います。眉毛もきりっと上がり気味に。また、まつげエクステもおすすめです。どうも眼の印象が弱いという人なら、ダテ眼鏡で個性を打ち出すのもアイデアです。

「私」の存在感を、「眼力《めぢから》」で最強アピールすべし。

♉ 火星星座が牡牛座

★クオリティにこだわり、感性をアピール

あなたの幸運の鍵は、「クオリティ」です。30代半ばからは、五感をさらに磨くため、シルクのブラウスやカシミアのセーターなど、本物が持つ風合いやクオリティにこだわってください。流行を追うのは苦手でも、「本物を知る感覚には人一倍優れている」という自信が大切なのです。上質を知るには上質を手にすることです。そのためには、ケチらないこと。

また、ぜひ「フレグランス」にこだわって。上品で高級感漂う香りこそ、本物志向のあなたを静かに、それでいて強力にアピールするのです。火星星座のパワーを高めるためにも、チープなフレグランスには、そろそろさよならしましょう。とりわけ牡牛座のシンボルであるローズ系の柔らかな香りは、あなたの魅力を後押しします。もちろん、つけすぎは逆効果。

我が家でのリラックスタイムには、アロマオイルを活用して。

♊

火星星座が

双子座

★手指のおしゃれでコミュニケーション強化！

あなたの幸運の鍵は、「コミュニケーション」です。30代半ばからは、楽しいおしゃべりで、友達をたくさんつくる。そこから話題が広がり、情報が集まる。

キャリアアップもラブライフのチャンスも、「コミュニケーション」がポイントになるのです。

身ぶり手ぶり豊かなおしゃべりが魅力となるので、ブレスやリング、手指のおしゃれで、会話をひと際華やかに演出してください。ただ、高価なものである必要はなく、「あれ、また今日も違うアクセね」と注目されるのが、ポイントです。イメージを限定せず、いろんな自分をアピールしてください。

とりわけ凝りたいのが、ネイルでしょう。仕事や子育てに忙しくて、そんな暇なし、という人も、幸運を呼び込む小さな努力として、ネイルケアを就寝前のお約束にしてください。ネイルサロン通いは、運気アップとストレス解消を兼ねて、一石二鳥です！

♋

火星星座が

蟹座

★胸元のパールであなたの優しさを示す

あなたの幸運の鍵は、「ファミリー」です。大事な人といかに心を通い合わせられるかが、ポイントとなります。相手の気持ちをリラックスさせるような雰囲気をあなたがつくってください。

色で言えば、「白」。白は蟹座のシンボル・カラーでもあるので、ファッションは、できるだけ白を基調にコーディネートして。どんな着まわしも可能なように、ブラウス、ジャケット、パンツなど基本のアイテムには、白をひと揃い用意しておきましょう。黒や茶系のファッションは、あなたにはちょっと重たいし、赤やオレンジでは印象が強烈過ぎるのです。

また、パールもあなたにぴったりのアイテムです。デイリーユースとしてパールを選ぶと、ファッションもそれに合わせて、優しいイメージに変わっていきます。流行や年齢に左右されないアイテムですので、少しずつパールのアクセサリーを買い足してください。

♌

火星星座が

獅子座

★「ゴールド」で光り輝く存在感を放つ

あなたの幸運の鍵は、「インパクト」です。大勢の中でも、そこだけ花が咲いたように明るく際だつ存在感こそ、あなたのあるべき姿です。ただし「派手なファッション」は、それだけ周囲の記憶にも残りやすいので、「あら、またこの間と同じ」という理由で、目立つことのないよう、フォーマルやパーティ用の服には、出費を惜しまないようにしてください。

リッチでゴージャスがふさわしい星座ですから、アクセサリーひとつとっても、見過ごしてしまいそうなものなら、つけないほうがまし。大きめのコサージュやブローチ、原色のポケットチーフなどをアクセントに。

とりわけおすすめが、古代エジプト時代から、富と権力の象徴だったゴールドです。女王の星座・獅子座にふさわしい輝きで、存分に光を放ってください。また、装いだけでなく、女王にふさわしい華やかで堂々としたアクションも意識して。

♍

火星星座が

乙女座

★「読書」はあなたの知のエッセンス

あなたの幸運の鍵は、「インテリジェンス」です。知性にこだわるあなただけに、年を重ねるごとに、記憶力の低下が気になるでしょう。ですが、知的レベルの低下は、断固阻止してください。

毎日、新聞に目を通す。通勤の際はスマホでニュースをチェック。そして気になる話題については、本を読んでさらに詳しい知識を得ましょう。本屋さんは、あなたを刺激する宝石箱のようなもの。あなたにとって大事なパートナーです。少しでも時間が空いたら、こまめに書店に足を運ぶこと。文芸、エッセイ、ノンフィクションなど、さまざまなジャンルのコーナーをのぞきましょう。そうして得た知性あふれる会話が、あなたをいっそう輝かせるのです。

また、万年筆やレターセットなどのステーショナリーには贅沢《ぜいたく》をして。「できる女」としての評価アップを見込めるだけでなく、何よりあなた自身が使いたいという気分になる。それが大事なのです。

♎ 火星星座が 天秤座

★ハイレベルな「ネットワーク」

あなたの幸運の鍵は、「エレガント」です。何のためのエレガント？　その目的は、誰にでも愛される柔らかな物腰で、対人関係を広げていくこと。ハイレベルで強力なネットワークは、あなたの人生を後押ししてくれるでしょう。フランスの貴族社会を陰で支えた、サロンの女主人をイメージしてください。

そして、ぜひ意識していただきたいのが「アカデミックな知識」と「マナー」。カルチャーセンターのマナー講座や日本でもポピュラーになり始めたフィニッシング・スクールに通うなども、おすすめです。

高級ブランドをいやみなく着こなせるのもあなたの強みです。エナメルやシルクといった、光沢ある華やかな素材も優雅さをアピールするでしょう。

美しく生きることで、ねたみを買うことなどおそれないで。対人関係は鏡のようなもの。周囲のレベルを上げるのはあなた自身の向上心によるのです。

♏ 火星星座が 蠍座

★本当に大事なことは秘密裏に……

あなたの幸運の鍵は、「シークレット」です。もともと声を張り上げて、「私が！」とアピールするタイプではありません。だからこそ、愛についても仕事に関しても、自分の思いをあからさまにせず、じっくり気合いを入れてください。そして、あなたの得意分野の話題が出たときに、ここぞとばかり「それはね……」と口を挟む。さりげなく披露するからこそ、重く響くのです。

「えっ、なんでそんなことまで知っているの？」

そんな周囲の驚愕《きょうがく》を楽しみつつ、そこから広がるチャンスをものにしてください。

蠍座は愛と官能の星座といわれるだけあって、「女性らしさ」は、この時期のあなたにとって重要なテーマです。といっても、「キュート」や「かわいい」はNG。目指すは、ミステリアスな大人の女性、です。

服の下に隠された高価でセクシーなランジェリーのように、静かに潜行しながら、目標へと突き進んで。

火星星座が 射手座

★自由な環境に飛び立つ準備はOK？

あなたの幸運の鍵は、「グローバル」です。

軽快なフットワークが身上の射手座。ボストンバッグやスーツケースなど、旅行用のバッグは、何度でも何年でも使えるものを選びましょう。

そして、お気に入りのバッグには、あらかじめ荷物を詰めておいて。思い立ったときにこれさえあれば、今すぐ異国に旅立てる、窮屈な毎日から自由になれるのだと、心の拠りどころにしておく。実際には、なかなか気軽には行動できなくても、バッグの存在があなたに夢と勇気を与えてくれるはずです。

ファッションも同様です。ジーンズや旅先でじゃぶじゃぶ洗える、ざっくりとしたコットンシャツ。あなたとともに世界を見てきた、風合いある洋服たち。そして、ヒールよりやっぱりスニーカー。そんなアクティブで自由なファッションが、エネルギッシュなあなたをいっそう後押ししてくれるでしょう。

火星星座が 山羊座

★時間を守る勤勉さが、信頼度を高める

あなたの幸運の鍵は、「時間」です。時の神・クロノスを守護神にもつ山羊座ですから、時間を守ることは、神様を味方につけるようなもの。だからこそ、時計には敬意を払って、逸品と呼ばれるものを身につけましょう。

社会で役に立ち、評価を得る。それが、山羊座のテーマです。例えば、ビジネス・シーンでちらりとのぞく腕時計。それが、上等なものであればあるほど、いかに「時間」を大事にする人か、そしてビジネスに気合いを入れている人かどうかが、周囲に伝わります。ダイヤやルビーをちりばめた派手なものではなく、あきのこないシックなデザインと、ハイ・クオリティであることをセレクトのポイントにしてください。

腕時計は、社会とあなたの大事な架け橋のようなもの。もちろん働く女性に限らず、子育て専念中の人も、時代に左右されない永遠の定番ウオッチを手に、社会へのカムバックの闘志を燃やして。

火星星座が 水瓶座

★インターネットで、地球を舞台に大暴れ

あなたの幸運の鍵は、「デジタル」です。基本的に物欲に支配される人ではありませんので、AV機器や家電に関しては、「使えれば十分」程度に思っているはず。ですが、スマホやパソコンだけは別でしょう。

目の前の人間関係や情報だけでは、あくなき理想を追求するあなたを満足させてはくれないでしょう。でも、この地球には、前衛的、未来的な発想を持つ人がたくさんいます。昔は「同志」を見つけるのはひと苦労だったでしょうが、今や同志は検索する時代です。ひとりならただの変わり者でも、集まれば先鋭集団になれる。つまり、誰とでも、何にでもアクセスできるインターネットやSNSは、あなたの自己実現のために、なくてはならない大切なもの。通信環境をさらに快適にするためには、頭脳とお金を惜しまないでください。

自らの発信も重要なので、サイトやブログは、ぜひ立ち上げて。公用語として、英語の勉強もお忘れなく。

火星星座が 魚座

★水へのこだわりで純度を高める

あなたの幸運の鍵は、「透明性」です。実体やリアリティのない透明な世界を愛する、それが魚座の特徴なのです。ヨガやダンス、気功、パワースポットめぐりなど、第六感やイマジネーションを磨くための時間をたっぷりとりましょう。

また、あなたにぜひともこだわってほしいのが、「水」です。魚座の守護星は、海王星・ネプチューン。ギリシャ神話で、ポセイドンと呼ばれる海の世界の神様ですから、当然、「水」の星座の中でも、格別水との縁が深いのです。水辺は、あなたが最もリラックスできる環境です。疲れたなと思ったら、海やプールにでかけて、心の洗濯をしてください。もちろんバスタイムも充実させてください。

そして、飲料水にもこだわって。人間の身体は、水でできています。水はピュアな魚座を象徴するアイテムです。自身の透明度をあげるためにも、浄水器やミネラル・ウォーターへの関心を高めてください。

11月20日～12月31日　乙女

1980年

1月1日～3月11日	乙女
3月12日～5月3日	獅子
5月4日～7月10日	乙女
7月11日～8月28日	天秤
8月29日～10月11日	蠍
10月12日～11月21日	射手
11月22日～12月30日	山羊
12月31日	水瓶

1981年

1月1日～2月6日	水瓶
2月7日～3月16日	魚
3月17日～4月24日	牡羊
4月25日～6月4日	牡牛
6月5日～7月17日	双子
7月18日～9月1日	蟹
9月2日～10月20日	獅子
10月21日～12月15日	乙女
12月16日～12月31日	天秤

1982年

1月1日～8月2日	天秤
8月3日～9月19日	蠍
9月20日～10月31日	射手
11月1日～12月9日	山羊
12月10日～12月31日	水瓶

1983年

1月1日～1月16日	水瓶
1月17日～2月24日	魚
2月25日～4月4日	牡羊
4月5日～5月16日	牡牛
5月17日～6月28日	双子
6月29日～8月13日	蟹
8月14日～9月29日	獅子
9月30日～11月17日	乙女
11月18日～12月31日	天秤

1984年

1月1日～1月10日	天秤
1月11日～8月17日	蠍
8月18日～10月4日	射手
10月5日～11月15日	山羊
11月16日～12月24日	水瓶
12月25日～12月31日	魚

1985年

1月1日～2月2日	魚
2月3日～3月14日	牡羊
3月15日～4月25日	牡牛
4月26日～6月8日	双子
6月9日～7月24日	蟹
7月25日～9月9日	獅子
9月10日～10月27日	乙女
10月28日～12月14日	天秤
12月15日～12月31日	蠍

1986年

1月1日～2月1日	蠍
2月2日～3月27日	射手
3月28日～10月8日	山羊
10月9日～11月25日	水瓶
11月26日～12月31日	魚

1987年

1月1日～1月8日	魚
1月9日～2月20日	牡羊
2月21日～4月5日	牡牛
4月6日～5月20日	双子
5月21日～7月6日	蟹
7月7日～8月22日	獅子
8月23日～10月8日	乙女
10月9日～11月23日	天秤
11月24日～12月31日	蠍

1988年

1月1日～1月8日	蠍
1月9日～2月22日	射手
2月23日～4月6日	山羊
4月7日～5月22日	水瓶
5月23日～7月13日	魚
7月14日～10月23日	牡羊
10月24日～11月1日	魚
11月2日～12月31日	牡羊

1989年

1月1日～1月19日	牡羊
1月20日～3月11日	牡牛
3月12日～4月28日	双子
4月29日～6月16日	蟹
6月17日～8月3日	獅子
8月4日～9月19日	乙女
9月20日～11月3日	天秤
11月4日～12月17日	蠍
12月18日～12月31日	射手

1990年

1月1日～1月29日	射手
1月30日～3月11日	山羊
3月12日～4月20日	水瓶
4月21日～5月30日	魚
5月31日～7月12日	牡羊
7月13日～8月31日	牡牛
9月1日～12月13日	双子
12月14日～12月31日	牡牛

1991年

1月1日～1月20日	牡牛
1月21日～4月2日	双子
4月3日～5月26日	蟹
5月27日～7月15日	獅子
7月16日～8月31日	乙女
9月1日～10月16日	天秤
10月17日～11月28日	蠍
11月29日～翌1月9日	射手

★リストにない年代の方は、ホロスコープ無料作成サイトなどをご利用ください。
★星座と星座の境目は、誕生年月日や時間、誕生地によって星座が変わる場合があります。ホロスコープを無料で作成できるサイトなどを利用して、正確な星座を確認することをおすすめします。

★ 太陽星座早見表

３月21日～４月19日	牡羊座	９月23日～10月23日	天秤座
４月20日～５月20日	牡牛座	10月24日～11月22日	蠍座
５月21日～６月21日	双子座	11月23日～12月21日	射手座
６月22日～７月22日	蟹座	12月22日～１月20日	山羊座
７月23日～８月23日	獅子座	１月21日～２月18日	水瓶座
８月24日～９月22日	乙女座	２月19日～３月20日	魚座

★ 火星星座早見表

1971年

１月１日～１月22日	蠍
１月23日～３月11日	射手
３月12日～５月３日	山羊
５月４日～11月５日	水瓶
11月６日～12月26日	魚
12月27日～12月31日	牡羊

1972年

１月１日～２月９日	牡羊
２月10日～３月26日	牡牛
３月27日～５月11日	双子
５月12日～６月28日	蟹
６月29日～８月14日	獅子
８月15日～９月30日	乙女
10月１日～11月15日	天秤
11月16日～12月30日	蠍
12月31日	射手

1973年

１月１日～２月11日	射手
２月12日～３月26日	山羊
３月27日～５月７日	水瓶
５月８日～６月20日	魚
６月21日～８月12日	牡羊
８月13日～10月29日	牡牛
10月30日～12月23日	牡羊
12月24日～12月31日	牡牛

1974年

１月１日～２月26日	牡牛
２月27日～４月19日	双子
４月20日～６月８日	蟹
６月９日～７月26日	獅子
７月27日～９月12日	乙女
９月13日～10月27日	天秤
10月28日～12月10日	蠍
12月11日～12月31日	射手

1975年

１月１日～１月21日	射手
１月22日～３月２日	山羊
３月３日～４月11日	水瓶
４月12日～５月20日	魚
５月21日～６月30日	牡羊
７月１日～８月14日	牡牛
８月15日～10月16日	双子
10月17日～11月25日	蟹
11月26日～12月31日	双子

1976年

１月１日～３月17日	双子
３月18日～５月15日	蟹
５月16日～７月６日	獅子
７月７日～８月23日	乙女
８月24日～10月８日	天秤
10月９日～11月20日	蠍
11月21日～12月31日	射手

1977年

１月１日～２月８日	山羊
２月９日～３月19日	水瓶
３月20日～４月27日	魚
４月28日～６月５日	牡羊
６月６日～７月17日	牡牛
７月18日～８月31日	双子
９月１日～10月26日	蟹
10月27日～12月31日	獅子

1978年

１月１日～１月25日	獅子
１月26日～４月10日	蟹
４月11日～６月13日	獅子
６月14日～８月３日	乙女
８月４日～９月19日	天秤
９月20日～11月１日	蠍
11月２日～12月12日	射手
12月13日～12月31日	山羊

1979年

１月１日～１月20日	山羊
１月21日～２月27日	水瓶
２月28日～４月６日	魚
４月７日～５月15日	牡羊
５月16日～６月25日	牡牛
６月26日～８月７日	双子
８月８日～９月24日	蟹
９月25日～11月19日	獅子

[著者]

村上さなえ
（むらかみ・さなえ）

東京生まれ。フリーの編集者から占星家に。自己再発見をテーマにしたコンサルテーションやセミナーが特徴。アーティスト、女優をはじめ、幅広い層から支持されている。

著書に、『ヴィーナスのルール』（ディスカヴァー・トゥエンティワン)、『決定版 女性のためのエンディングノート』（学研パブリッシング）ほか。

公式HP　http://www.sanaem.com

30歳からの星占い

愛もキャリアも手に入れる！

2016年６月20日　初版第一刷印刷
2016年６月25日　初版第一刷発行

著者　村上さなえ

発行者　森下紀夫

発行所　論 創 社

東京都千代田区神田神保町２−23　北井ビル
tel. 03－3264－5254　fax. 03－3264－5232
web. http://www.ronso.co.jp/
振替　00160－1－155266

組版・デザイン・装幀　永井佳乃

印刷・製本　中央精版印刷

 ISBN978-4-8460-1530-5　C0076
落丁・乱丁本はお取り替えいたします。